NORWEGISCH
WORTSCHATZ

FÜR DAS SELBSTSTUDIUM

DEUTSCH
NORWEGISCH

Die nützlichsten Wörter
Zur Erweiterung Ihres Wortschatzes und
Verbesserung der Sprachfertigkeit

5000 Wörter

Wortschatz Deutsch-Norwegisch für das Selbststudium - 5000 Wörter
Von Andrey Taranov

T&P Books Vokabelbücher sind dafür vorgesehen, beim Lernen einer Fremdsprache zu helfen, Wörter zu memorieren und zu wiederholen. Das Wörterbuch ist nach Themen aufgeteilt und deckt alle wichtigen Bereiche des täglichen Lebens, Berufs, Wissenschaft, Kultur etc. ab.

Durch das Benutzen der themenbezogenen T&P Books ergeben sich folgende Vorteile für den Lernprozess:

- Sachgemäß geordnete Informationen bestimmen den späteren Erfolg auf den darauffolgenden Stufen der Memorisierung
- Die Verfügbarkeit von Wörtern, die sich aus der gleichen Wurzel ableiten lassen, erlaubt die Memorisierung von Worteinheiten (mehr als bei einzeln stehenden Wörtern)
- Kleine Worteinheiten unterstützen den Aufbauprozess von assoziativen Verbindungen für die Festigung des Wortschatzes
- Die Kenntnis der Sprache kann aufgrund der Anzahl der gelernten Wörter eingeschätzt werden

Copyright © 2022 T&P Books Publishing

Alle Rechte vorbehalten. Auszüge dieses Buches dürfen nicht ohne schriftliche Erlaubnis des Herausgebers abgedruckt oder mit anderen elektronischen oder mechanischen Mitteln, einschließlich Photokopierung, Aufzeichnung oder durch Informationsspeicherung- und Rückgewinnungssysteme, oder in irgendeiner anderen Form verwendet werden.

T&P Books Publishing
www.tpbooks.com

Dieses Buch ist auch im E-Book Format erhältlich.
Besuchen Sie uns auch auf www.tpbooks.com oder auf einer der bedeutenden Buchhandlungen online.

WORTSCHATZ DEUTSCH-NORWEGISCH
für das Selbststudium

Die Vokabelbücher von T&P Books sind dafür vorgesehen, Ihnen beim Lernen einer Fremdsprache zu helfen, Wörter zu memorieren und zu wiederholen. Der Wortschatz enthält über 5000 häufig gebrauchte, thematisch geordnete Wörter.

- Der Wortschatz enthält die am häufigsten benutzten Wörter
- Eignet sich als Ergänzung zu jedem Sprachkurs
- Erfüllt die Bedürfnisse von Anfängern und fortgeschrittenen Lernenden von Fremdsprachen
- Praktisch für den täglichen Gebrauch, zur Wiederholung und um sich selbst zu testen
- Ermöglicht es, Ihren Wortschatz einzuschätzen

Besondere Merkmale des Wortschatzes:

- Wörter sind entsprechend ihrer Bedeutung und nicht alphabetisch organisiert
- Wörter werden in drei Spalten präsentiert, um das Wiederholen und den Selbstüberprüfungsprozess zu erleichtern
- Wortgruppen werden in kleinere Einheiten aufgespalten, um den Lernprozess zu fördern
- Der Wortschatz bietet eine praktische und einfache Lautschrift jedes Wortes der Fremdsprache

Der Wortschatz hat 155 Themen, einschließlich:

Grundbegriffe, Zahlen, Farben, Monate, Jahreszeiten, Maßeinheiten, Kleidung und Accessoires, Essen und Ernährung, Restaurant, Familienangehörige, Verwandte, Charaktereigenschaften, Empfindungen, Gefühle, Krankheiten, Großstadt, Kleinstadt, Sehenswürdigkeiten, Einkaufen, Geld, Haus, Zuhause, Büro, Import & Export, Marketing, Arbeitssuche, Sport, Ausbildung, Computer, Internet, Werkzeug, Natur, Länder, Nationalitäten und vieles mehr...

INHALT

Leitfaden für die Aussprache	9
Abkürzungen	11

GRUNDBEGRIFFE	12
Grundbegriffe. Teil 1	12
1. Pronomen	12
2. Grüße. Begrüßungen. Verabschiedungen	12
3. Jemanden ansprechen	13
4. Grundzahlen. Teil 1	13
5. Grundzahlen. Teil 2	14
6. Ordnungszahlen	15
7. Zahlen. Brüche	15
8. Zahlen. Grundrechenarten	15
9. Zahlen. Verschiedenes	15
10. Die wichtigsten Verben. Teil 1	16
11. Die wichtigsten Verben. Teil 2	17
12. Die wichtigsten Verben. Teil 3	18
13. Die wichtigsten Verben. Teil 4	19
14. Farben	20
15. Fragen	20
16. Präpositionen	21
17. Funktionswörter. Adverbien. Teil 1	21
18. Funktionswörter. Adverbien. Teil 2	23

Grundbegriffe. Teil 2	25
19. Wochentage	25
20. Stunden. Tag und Nacht	25
21. Monate. Jahreszeiten	26
22. Maßeinheiten	28
23. Behälter	28

DER MENSCH	30
Der Mensch. Körper	30
24. Kopf	30
25. Menschlicher Körper	31

Kleidung & Accessoires	32
26. Oberbekleidung. Mäntel	32
27. Men's & women's clothing	32

28. Kleidung. Unterwäsche	33
29. Kopfbekleidung	33
30. Schuhwerk	33
31. Persönliche Accessoires	34
32. Kleidung. Verschiedenes	34
33. Kosmetikartikel. Kosmetik	35
34. Armbanduhren Uhren	36

Essen. Ernährung 37

35. Essen	37
36. Getränke	38
37. Gemüse	39
38. Obst. Nüsse	40
39. Brot. Süßigkeiten	41
40. Gerichte	41
41. Gewürze	42
42. Mahlzeiten	43
43. Gedeck	44
44. Restaurant	44

Familie, Verwandte und Freunde 45

45. Persönliche Informationen. Formulare	45
46. Familienmitglieder. Verwandte	45

Medizin 47

47. Krankheiten	47
48. Symptome. Behandlungen. Teil 1	48
49. Symptome. Behandlungen. Teil 2	49
50. Symptome. Behandlungen. Teil 3	50
51. Ärzte	51
52. Medizin. Medikamente. Accessoires	51

LEBENSRAUM DES MENSCHEN 53
Stadt 53

53. Stadt. Leben in der Stadt	53
54. Innerstädtische Einrichtungen	54
55. Schilder	55
56. Innerstädtischer Transport	56
57. Sehenswürdigkeiten	57
58. Shopping	58
59. Geld	59
60. Post. Postdienst	60

Wohnung. Haus. Zuhause 61

61. Haus. Elektrizität	61

62. Villa. Schloss	61
63. Wohnung	61
64. Möbel. Innenausstattung	62
65. Bettwäsche	63
66. Küche	63
67. Bad	64
68. Haushaltsgeräte	65

AKTIVITÄTEN DES MENSCHEN	**66**
Beruf. Geschäft. Teil 1	**66**
69. Büro. Arbeiten im Büro	66
70. Geschäftsabläufe. Teil 1	67
71. Geschäftsabläufe. Teil 2	68
72. Fertigung. Arbeiten	69
73. Vertrag. Zustimmung	70
74. Import & Export	71
75. Finanzen	71
76. Marketing	72
77. Werbung	73
78. Bankgeschäft	73
79. Telefon. Telefongespräche	74
80. Mobiltelefon	75
81. Bürobedarf	75
82. Geschäftsarten	75

Arbeit. Geschäft. Teil 2	**78**
83. Show. Ausstellung	78
84. Wissenschaft. Forschung. Wissenschaftler	79

Berufe und Tätigkeiten	**81**
85. Arbeitsuche. Kündigung	81
86. Geschäftsleute	81
87. Dienstleistungsberufe	82
88. Militärdienst und Ränge	83
89. Beamte. Priester	84
90. Landwirtschaftliche Berufe	84
91. Künstler	85
92. Verschiedene Berufe	85
93. Beschäftigung. Sozialstatus	87

Ausbildung	**88**
94. Schule	88
95. Hochschule. Universität	89
96. Naturwissenschaften. Fächer	90
97. Schrift Rechtschreibung	90
98. Fremdsprachen	91

Erholung. Unterhaltung. Reisen	93
99. Ausflug. Reisen	93
100. Hotel	93

TECHNISCHES ZUBEHÖR. TRANSPORT	95
Technisches Zubehör	95
101. Computer	95
102. Internet. E-Mail	96
103. Elektrizität	97
104. Werkzeug	97

Transport	100
105. Flugzeug	100
106. Zug	101
107. Schiff	102
108. Flughafen	103

Lebensereignisse	105
109. Feiertage. Ereignis	105
110. Bestattungen. Begräbnis	106
111. Krieg. Soldaten	106
112. Krieg. Militärische Aktionen. Teil 1	107
113. Krieg. Militärische Aktionen. Teil 2	109
114. Waffen	110
115. Menschen der Antike	112
116. Mittelalter	112
117. Führungspersonen. Chef. Behörden	114
118. Gesetzesverstoß Verbrecher. Teil 1	115
119. Gesetzesbruch. Verbrecher. Teil 2	116
120. Polizei Recht. Teil 1	117
121. Polizei. Recht. Teil 2	118

NATUR	120
Die Erde. Teil 1	120
122. Weltall	120
123. Die Erde	121
124. Himmelsrichtungen	122
125. Meer. Ozean	122
126. Namen der Meere und Ozeane	123
127. Berge	124
128. Namen der Berge	125
129. Flüsse	125
130. Namen der Flüsse	126
131. Wald	126
132. Natürliche Lebensgrundlagen	127

Die Erde. Teil 2   129

133. Wetter   129
134. Unwetter Naturkatastrophen   130

Fauna   131

135. Säugetiere. Raubtiere   131
136. Tiere in freier Wildbahn   131
137. Haustiere   132
138. Vögel   133
139. Fische. Meerestiere   135
140. Amphibien Reptilien   135
141. Insekten   136

Flora   137

142. Bäume   137
143. Büsche   137
144. Obst. Beeren   138
145. Blumen. Pflanzen   139
146. Getreide, Körner   140

LÄNDER. NATIONALITÄTEN   141

147. Westeuropa   141
148. Mittel- und Osteuropa   141
149. Frühere UdSSR Republiken   142
150. Asien   142
151. Nordamerika   143
152. Mittel- und Südamerika   143
153. Afrika   144
154. Australien. Ozeanien   144
155. Städte   144

LEITFADEN FÜR DIE AUSSPRACHE

Buchstabe	Norwegisch Beispiel	T&P phonetisches Alphabet	Deutsch Beispiel
Aa	plass	[a], [ɑ:]	da, das
Bb	bøtte, albue	[b]	Brille
Cc [1]	centimeter	[s]	sein
Cc [2]	Canada	[k]	Kalender
Dd	radius	[d]	Detektiv
Ee	rett	[e:]	Wildleder
Ee [3]	begå	[ɛ]	essen
Ff	fattig	[f]	fünf
Gg [4]	golf	[g]	gelb
Gg [5]	gyllen	[j]	Jacke
Gg [6]	regnbue	[ŋ]	Känguru
Hh	hektar	[h]	Hypnose
Ii	kilometer	[ɪ], [i]	ihr, finden
Kk	konge	[k]	Kalender
Kk [7]	kirke	[h]	Hypnose
Jj	fjerde	[j]	Jacke
kj	bikkje	[h]	Hypnose
Ll	halvår	[l]	Juli
Mm	middag	[m]	Mitte
Nn	november	[n]	nicht
ng	id_langt	[ŋ]	Känguru
Oo [8]	honning	[ɔ]	dort
Oo [9]	fot, krone	[u]	kurz
Pp	plomme	[p]	Polizei
Qq	sequoia	[k]	Kalender
Rr	sverge	[r]	richtig
Ss	appelsin	[s]	sein
sk [10]	skikk, skyte	[ʃ]	Chance
Tt	stør, torsk	[t]	still
Uu	brudd	[y]	über, dünn
Vv	kraftverk	[v]	November
Ww	webside	[v]	November
Xx	mexicaner	[ks]	Expedition
Yy	nytte	[ɪ], [i]	ihr, finden
Zz [11]	New Zealand	[s]	Hast, Zahl
Ææ	vær, stær	[æ]	ärgern
Øø	ørn, gjø	[ø]	können
Åå	gås, værhår	[o:]	groß

Anmerkungen

[1] vor **e, i**
[2] anderswo
[3] unbetont
[4] vor **a, o, u, å**
[5] vor **i** und **y**
[6] bei Kombination **gn**
[7] vor **i** und **y**
[8] vor doppelten Konsonanten
[9] vor einfachem Konsonanten
[10] vor **i** und **y**
[11] nur bei Fremdwörtern

ABKÜRZUNGEN
die im Vokabular verwendet werden

Deutsch. Abkürzungen

Adj	-	Adjektiv
Adv	-	Adverb
Amtsspr.	-	Amtssprache
f	-	Femininum
f, n	-	Femininum, Neutrum
Fem.	-	Femininum
m	-	Maskulinum
m, f	-	Maskulinum, Femininum
m, n	-	Maskulinum, Neutrum
Mask.	-	Maskulinum
n	-	Neutrum
pl	-	Plural
Sg.	-	Singular
ugs.	-	umgangssprachlich
unzähl.	-	unzählbar
usw.	-	und so weiter
v mod	-	Modalverb
vi	-	intransitives Verb
vi, vt	-	intransitives, transitives Verb
vt	-	transitives Verb
zähl.	-	zählbar
z.B.	-	zum Beispiel

Norwegisch. Abkürzungen

f	-	Femininum
f pl	-	Femininum plural
m	-	Maskulinum
m pl	-	Maskulinum plural
m/f	-	Maskulinum, Femininum
m/f pl	-	Maskulinum/Femininum plural
m/f/n	-	Maskulinum/Femininum/Neutrum
m/n	-	Maskulinum, Neutrum
n	-	Neutrum
n pl	-	Neutrum plural
pl	-	Plural

GRUNDBEGRIFFE

Grundbegriffe. Teil 1

1. Pronomen

| ich | jeg | ['jæj] |
| du | du | [dʉ] |

er	han	['hɑn]
sie	hun	['hʉn]
es	det, den	['de], ['den]

wir	vi	['vi]
ihr	dere	['derə]
sie	de	['de]

2. Grüße. Begrüßungen. Verabschiedungen

Hallo! (ugs.)	Hei!	['hæj]
Hallo! (Amtsspr.)	Hallo! God dag!	[hɑ'lʊ], [gʊ 'dɑ]
Guten Morgen!	God morn!	[gʊ 'mɔːn̩]
Guten Tag!	God dag!	[gʊ'dɑ]
Guten Abend!	God kveld!	[gʊ 'kvɛl]

grüßen (vi, vt)	å hilse	[ɔ 'hilsə]
Hallo! (ugs.)	Hei!	['hæj]
Gruß (m)	hilsen (m)	['hilsən]
begrüßen (vt)	å hilse	[ɔ 'hilsə]
Wie geht es Ihnen?	Hvordan står det til?	['vʊːdɑn stoːr de til]
Wie geht's dir?	Hvordan går det?	['vʊːdɑn gor de]
Was gibt es Neues?	Hva nytt?	[vɑ 'nʏt]

Auf Wiedersehen!	Ha det bra!	[hɑ de 'brɑ]
Wiedersehen! Tschüs!	Ha det!	[hɑ 'de]
Bis bald!	Vi ses!	[vi sɛs]
Lebe wohl! Leben Sie wohl!	Farvel!	[fɑr'vɛl]
sich verabschieden	å si farvel	[ɔ 'si fɑr'vɛl]
Tschüs!	Ha det!	[hɑ 'de]

Danke!	Takk!	['tɑk]
Dankeschön!	Tusen takk!	['tʉsən tɑk]
Bitte (Antwort)	Bare hyggelig	['bɑrə 'hʏgeli]
Keine Ursache.	Ikke noe å takke for!	['ikə 'nʊe ɔ 'tɑkə fɔr]
Nichts zu danken.	Ingen årsak!	['iŋən 'oːʂɑk]
Entschuldige!	Unnskyld, ...	['ʉnˌsyl ...]
Entschuldigung!	Unnskyld meg, ...	['ʉnˌsyl me ...]

entschuldigen (vt)	å unnskylde	[ɔ 'ʉnˌsylə]
sich entschuldigen	å unnskylde seg	[ɔ 'ʉnˌsylə sæj]
Verzeihung!	Jeg ber om unnskyldning	[jæj ber ɔm 'ʉnˌsyldniŋ]
Es tut mir leid!	Unnskyld!	['ʉnˌsyl]
verzeihen (vt)	å tilgi	[ɔ 'tilˌji]
Das macht nichts!	Ikke noe problem	['ikə 'nʉe prʉ'blem]
bitte (Die Rechnung, ~!)	vær så snill	['vær sɔ 'snil]
Nicht vergessen!	Ikke glem!	['ikə 'glem]
Natürlich!	Selvfølgelig!	[sɛl'følgəli]
Natürlich nicht!	Selvfølgelig ikke!	[sɛl'følgəli 'ikə]
Gut! Okay!	OK! Enig!	[ɔ'kɛj], ['ɛni]
Es ist genug!	Det er nok!	[de ær 'nɔk]

3. Jemanden ansprechen

Entschuldigen Sie!	Unnskyld, ...	['ʉnˌsyl ...]
Herr	Herr	['hær]
Frau	Fru	['frʉ]
Frau (Fräulein)	Frøken	['frøkən]
Junger Mann	unge mann	['ʉŋə ˌman]
Junge	guttunge	['gʉtˌʉŋə]
Mädchen	frøken	['frøkən]

4. Grundzahlen. Teil 1

null	null	['nʉl]
eins	en	['en]
zwei	to	['tʉ]
drei	tre	['tre]
vier	fire	['fire]
fünf	fem	['fɛm]
sechs	seks	['sɛks]
sieben	sju	['ʂʉ]
acht	åtte	['ɔtə]
neun	ni	['ni]
zehn	ti	['ti]
elf	elleve	['ɛlvə]
zwölf	tolv	['tɔl]
dreizehn	tretten	['trɛtən]
vierzehn	fjorten	['fjɔːʈən]
fünfzehn	femten	['fɛmtən]
sechzehn	seksten	['sæjstən]
siebzehn	sytten	['sʏtən]
achtzehn	atten	['atən]
neunzehn	nitten	['nitən]
zwanzig	tjue	['çʉe]
einundzwanzig	tjueen	['çʉe en]

| zweiundzwanzig | tjueto | ['çʉe tʊ] |
| dreiundzwanzig | tjuetre | ['çʉe tre] |

dreißig	tretti	['trɛti]
einunddreißig	trettien	['trɛti en]
zweiunddreißig	trettito	['trɛti tʊ]
dreiunddreißig	trettitre	['trɛti tre]

vierzig	førti	['fœ:ţi]
einundvierzig	førtien	['fœ:ţi en]
zweiundvierzig	førtito	['fœ:ţi tʊ]
dreiundvierzig	førtitre	['fœ:ţi tre]

fünfzig	femti	['fɛmti]
einundfünfzig	femtien	['fɛmti en]
zweiundfünfzig	femtito	['fɛmti tʊ]
dreiundfünfzig	femtitre	['fɛmti tre]

sechzig	seksti	['sɛksti]
einundsechzig	sekstien	['sɛksti en]
zweiundsechzig	sekstito	['sɛksti tʊ]
dreiundsechzig	sekstitre	['sɛksti tre]

siebzig	sytti	['sʏti]
einundsiebzig	syttien	['sʏti en]
zweiundsiebzig	syttito	['sʏti tʊ]
dreiundsiebzig	syttitre	['sʏti tre]

achtzig	åtti	['ɔti]
einundachtzig	åttien	['ɔti en]
zweiundachtzig	åttito	['ɔti tʊ]
dreiundachtzig	åttitre	['ɔti tre]

neunzig	nitti	['niti]
einundneunzig	nittien	['niti en]
zweiundneunzig	nittito	['niti tʊ]
dreiundneunzig	nittitre	['niti tre]

5. Grundzahlen. Teil 2

einhundert	hundre	['hʉndrə]
zweihundert	to hundre	['tʊ ˌhʉndrə]
dreihundert	tre hundre	['tre ˌhʉndrə]
vierhundert	fire hundre	['fire ˌhʉndrə]
fünfhundert	fem hundre	['fɛm ˌhʉndrə]

sechshundert	seks hundre	['sɛks ˌhʉndrə]
siebenhundert	syv hundre	['syv ˌhʉndrə]
achthundert	åtte hundre	['ɔtə ˌhʉndrə]
neunhundert	ni hundre	['ni ˌhʉndrə]

eintausend	tusen	['tʉsən]
zweitausend	to tusen	['tʊ ˌtʉsən]
dreitausend	tre tusen	['tre ˌtʉsən]

zehntausend	ti tusen	['ti ˌtʉsən]
hunderttausend	hundre tusen	['hʉndrə ˌtʉsən]
Million (f)	million (m)	[mi'ljun]
Milliarde (f)	milliard (m)	[mi'lja:d]

6. Ordnungszahlen

der erste	første	['fœʂtə]
der zweite	annen	['anən]
der dritte	tredje	['trɛdjə]
der vierte	fjerde	['fjærə]
der fünfte	femte	['fɛmtə]
der sechste	sjette	['ʂɛtə]
der siebte	sjuende	['ʂʉenə]
der achte	åttende	['ɔtenə]
der neunte	niende	['nienə]
der zehnte	tiende	['tienə]

7. Zahlen. Brüche

Bruch (m)	brøk (m)	['brøk]
Hälfte (f)	en halv	[en 'hɑl]
Drittel (n)	en tredjedel	[en 'trɛdjəˌdel]
Viertel (n)	en fjerdedel	[en 'fjærəˌdel]
Achtel (m, n)	en åttendedel	[en 'ɔtenəˌdel]
Zehntel (n)	en tiendedel	[en 'tienəˌdel]
zwei Drittel	to tredjedeler	['tʊ 'trɛdjəˌdelər]
drei Viertel	tre fjerdedeler	['tre 'fjærˌdelər]

8. Zahlen. Grundrechenarten

Subtraktion (f)	subtraksjon (m)	[sʉbtrɑk'ʂʉn]
subtrahieren (vt)	å subtrahere	[ɔ 'sʉbtrɑˌherə]
Division (f)	divisjon (m)	[divi'ʂʉn]
dividieren (vt)	å dividere	[ɔ divi'derə]
Addition (f)	addisjon (m)	[ɑdi'ʂʉn]
addieren (vt)	å addere	[ɔ ɑ'derə]
hinzufügen (vt)	å addere	[ɔ ɑ'derə]
Multiplikation (f)	multiplikasjon (m)	[mʉltiplikɑ'ʂʉn]
multiplizieren (vt)	å multiplisere	[ɔ mʉltipli'serə]

9. Zahlen. Verschiedenes

Ziffer (f)	siffer (n)	['sifər]
Zahl (f)	tall (n)	['tɑl]

Zahlwort (n)	tallord (n)	['tɑlˌuːr]
Minus (n)	minus (n)	['minʉs]
Plus (n)	pluss (n)	['plʉs]
Formel (f)	formel (m)	['fɔrməl]

Berechnung (f)	beregning (m/f)	[beˈrɛjniŋ]
zählen (vt)	å telle	[ɔ ˈtɛlə]
berechnen (vt)	å telle opp	[ɔ ˈtɛlə ɔp]
vergleichen (vt)	å sammenlikne	[ɔ ˈsɑmənˌliknə]

Wie viel?	Hvor mye?	[vʊr ˈmye]
Wie viele?	Hvor mange?	[vʊr ˈmɑŋə]

Summe (f)	sum (m)	[ˈsʉm]
Ergebnis (n)	resultat (n)	[resʉlˈtɑt]
Rest (m)	rest (m)	[ˈrɛst]

einige (~ Tage)	noen	[ˈnʉən]
einige, ein paar	få, ikke mange	[ˈfɔ], [ˈikə ˌmɑŋə]
wenig (es kostet ~)	lite	[ˈlitə]
Übrige (n)	rest (m)	[ˈrɛst]
anderthalb	halvannen	[hɑlˈɑnən]
Dutzend (n)	dusin (n)	[dʉˈsin]

entzwei (Adv)	i 2 halvdeler	[i tʉ hɑlˈdelər]
zu gleichen Teilen	jevnt	[ˈjɛvnt]
Hälfte (f)	halvdel (m)	[ˈhɑldel]
Mal (n)	gang (m)	[ˈgɑŋ]

10. Die wichtigsten Verben. Teil 1

abbiegen (nach links ~)	å svinge	[ɔ ˈsviŋə]
abschicken (vt)	å sende	[ɔ ˈsɛnə]
ändern (vt)	å endre	[ɔ ˈɛndrə]
andeuten (vt)	å gi et vink	[ɔ ˈji et ˈvink]
Angst haben	å frykte	[ɔ ˈfrʏktə]

ankommen (vi)	å ankomme	[ɔ ˈɑnˌkɔmə]
antworten (vi)	å svare	[ɔ ˈsvɑrə]
arbeiten (vi)	å arbeide	[ɔ ˈɑrˌbæjdə]
auf … zählen	å regne med …	[ɔ ˈrɛjnə me …]
aufbewahren (vt)	å beholde	[ɔ beˈhɔle]

aufschreiben (vt)	å skrive ned	[ɔ ˈskrivə ne]
ausgehen (vi)	å gå ut	[ɔ ˈgɔ ʉt]
aussprechen (vt)	å uttale	[ɔ ˈʉtˌtɑlə]
bedauern (vt)	å beklage	[ɔ beˈklɑgə]
bedeuten (vt)	å bety	[ɔ ˈbety]
beenden (vt)	å slutte	[ɔ ˈslʉtə]

befehlen (Milit.)	å beordre	[ɔ beˈɔrdrə]
befreien (Stadt usw.)	å befri	[ɔ beˈfri]
beginnen (vt)	å begynne	[ɔ beˈjinə]
bemerken (vt)	å bemerke	[ɔ beˈmærkə]

beobachten (vt)	å observere	[ɔ ɔbsɛr'verə]
berühren (vt)	å røre	[ɔ 'rørə]
besitzen (vt)	å besidde, å eie	[ɔ bɛ'sidə], [ɔ 'æje]
besprechen (vt)	å diskutere	[ɔ diskʉ'terə]
bestehen auf	å insistere	[ɔ insi'sterə]
bestellen (im Restaurant)	å bestille	[ɔ be'stilə]
bestrafen (vt)	å straffe	[ɔ 'strafə]
beten (vi)	å be	[ɔ 'be]
bitten (vt)	å be	[ɔ 'be]
brechen (vt)	å bryte	[ɔ 'brytə]
denken (vi, vt)	å tenke	[ɔ 'tɛnkə]
drohen (vi)	å true	[ɔ 'trʉe]
Durst haben	å være tørst	[ɔ 'værə 'tœʂt]
einladen (vt)	å innby, å invitere	[ɔ 'inby], [ɔ invi'terə]
einstellen (vt)	å slutte	[ɔ 'ʂlʉtə]
einwenden (vt)	å innvende	[ɔ 'in‚vɛnə]
empfehlen (vt)	å anbefale	[ɔ 'anbe‚falə]
erklären (vt)	å forklare	[ɔ fɔr'klarə]
erlauben (vt)	å tillate	[ɔ 'ti‚latə]
ermorden (vt)	å døde, å myrde	[ɔ 'dødə], [ɔ 'mʏ:ɖə]
erwähnen (vt)	å omtale, å nevne	[ɔ 'ɔm‚talə], [ɔ 'nɛvnə]
existieren (vi)	å eksistere	[ɔ ɛksi'sterə]

11. Die wichtigsten Verben. Teil 2

fallen (vi)	å falle	[ɔ 'falə]
fallen lassen	å tappe	[ɔ 'tapə]
fangen (vt)	å fange	[ɔ 'faŋə]
finden (vt)	å finne	[ɔ 'finə]
fliegen (vi)	å fly	[ɔ 'fly]
folgen (Folge mir!)	å følge etter ...	[ɔ 'følə 'ɛtər ...]
fortsetzen (vt)	å fortsette	[ɔ 'fɔrt‚ʂɛtə]
fragen (vt)	å spørre	[ɔ 'spørə]
frühstücken (vi)	å spise frokost	[ɔ 'spisə ‚frukɔst]
geben (vt)	å gi	[ɔ 'ji]
gefallen (vi)	å like	[ɔ 'likə]
gehen (zu Fuß gehen)	å gå	[ɔ 'gɔ]
gehören (vi)	å tilhøre ...	[ɔ 'til‚hørə ...]
graben (vt)	å grave	[ɔ 'gravə]
haben (vt)	å ha	[ɔ 'ha]
helfen (vi)	å hjelpe	[ɔ 'jɛlpə]
herabsteigen (vi)	å gå ned	[ɔ 'gɔ ne]
hereinkommen (vi)	å komme inn	[ɔ 'kɔmə in]
hoffen (vi)	å håpe	[ɔ 'ho:pə]
hören (vt)	å høre	[ɔ 'hørə]
hungrig sein	å være sulten	[ɔ 'værə 'sʉltən]
informieren (vt)	å informere	[ɔ infɔr'merə]

jagen (vi)	å jage	[ɔ 'jagə]
kennen (vt)	å kjenne	[ɔ 'çɛnə]
klagen (vi)	å klage	[ɔ 'klagə]
können (v mod)	å kunne	[ɔ 'kʉnə]
kontrollieren (vt)	å kontrollere	[ɔ kuntrɔ'lerə]
kosten (vt)	å koste	[ɔ 'kɔstə]
kränken (vt)	å fornærme	[ɔ fɔː'nærmə]
lächeln (vi)	å smile	[ɔ 'smilə]
lachen (vi)	å le, å skratte	[ɔ 'le], [ɔ 'skratə]
laufen (vi)	å løpe	[ɔ 'løpə]
leiten (Betrieb usw.)	å styre, å lede	[ɔ 'styrə], [ɔ 'ledə]
lernen (vt)	å studere	[ɔ stʉ'derə]
lesen (vi, vt)	å lese	[ɔ 'lesə]
lieben (vt)	å elske	[ɔ 'ɛlskə]
machen (vt)	å gjøre	[ɔ 'jørə]
mieten (Haus usw.)	å leie	[ɔ 'læjə]
nehmen (vt)	å ta	[ɔ 'tɑ]
noch einmal sagen	å gjenta	[ɔ 'jɛntɑ]
nötig sein	å være behøv	[ɔ 'værə bə'høv]
öffnen (vt)	å åpne	[ɔ 'ɔpnə]

12. Die wichtigsten Verben. Teil 3

planen (vt)	å planlegge	[ɔ 'plɑn‚legə]
prahlen (vi)	å prale	[ɔ 'prɑlə]
raten (vt)	å råde	[ɔ 'roːdə]
rechnen (vt)	å telle	[ɔ 'tɛlə]
reservieren (vt)	å reservere	[ɔ resɛr'verə]
retten (vt)	å redde	[ɔ 'rɛdə]
richtig raten (vt)	å gjette	[ɔ 'jɛtə]
rufen (um Hilfe ~)	å tilkalle	[ɔ 'til‚kɑlə]
sagen (vt)	å si	[ɔ 'si]
schaffen (Etwas Neues zu ~)	å opprette	[ɔ 'ɔp‚rɛtə]
schelten (vt)	å skjelle	[ɔ 'ʂɛːlə]
schießen (vi)	å skyte	[ɔ 'ʂytə]
schmücken (vt)	å pryde	[ɔ 'prydə]
schreiben (vi, vt)	å skrive	[ɔ 'skrivə]
schreien (vi)	å skrike	[ɔ 'skrikə]
schweigen (vi)	å tie	[ɔ 'tie]
schwimmen (vi)	å svømme	[ɔ 'svœmə]
schwimmen gehen	å bade	[ɔ 'bɑdə]
sehen (vi, vt)	å se	[ɔ 'se]
sein (vi)	å være	[ɔ 'værə]
sich beeilen	å skynde seg	[ɔ 'ʂynə sæj]
sich entschuldigen	å unnskylde seg	[ɔ 'ʉn‚ʂylə sæj]
sich interessieren	å interessere seg	[ɔ intərə'serə sæj]
sich irren	å gjøre feil	[ɔ 'jørə ‚fæ‚l]

sich setzen	å sette seg	[ɔ 'sɛtə sæj]
sich weigern	å vegre seg	[ɔ 'vɛgrə sæj]
spielen (vi, vt)	å leke	[ɔ 'lekə]
sprechen (vi)	å tale	[ɔ 'talə]
staunen (vi)	å bli forundret	[ɔ 'bli fɔ'rʉndrət]
stehlen (vt)	å stjele	[ɔ 'stjelə]
stoppen (vt)	å stoppe	[ɔ 'stɔpə]
suchen (vt)	å søke ...	[ɔ 'søkə ...]

13. Die wichtigsten Verben. Teil 4

täuschen (vt)	å fuske	[ɔ 'fʉskə]
teilnehmen (vi)	å delta	[ɔ 'dɛlta]
übersetzen (Buch usw.)	å oversette	[ɔ 'ovəˌsɛtə]
unterschätzen (vt)	å undervurdere	[ɔ 'ʉnərvʉːˌderə]
unterschreiben (vt)	å underskrive	[ɔ 'ʉnəˌskrivə]
vereinigen (vt)	å forene	[ɔ fɔ'renə]
vergessen (vt)	å glemme	[ɔ 'glemə]
vergleichen (vt)	å sammenlikne	[ɔ 'samənˌliknə]
verkaufen (vt)	å selge	[ɔ 'sɛlə]
verlangen (vt)	å kreve	[ɔ 'krevə]
versäumen (vt)	å skulke	[ɔ 'skʉlkə]
versprechen (vt)	å love	[ɔ 'lovə]
verstecken (vt)	å gjemme	[ɔ 'jɛmə]
verstehen (vt)	å forstå	[ɔ fɔ'ʂtɔ]
versuchen (vt)	å prøve	[ɔ 'prøvə]
verteidigen (vt)	å forsvare	[ɔ fɔ'ʂvarə]
vertrauen (vi)	å stole på	[ɔ 'stʉlə pɔ]
verwechseln (vt)	å forveksle	[ɔ fɔr'vɛkʂlə]
verzeihen (vi, vt)	å unnskylde	[ɔ 'ʉnˌsylə]
verzeihen (vt)	å tilgi	[ɔ 'tilˌji]
voraussehen (vt)	å forutse	[ɔ 'forʉtˌsə]
vorschlagen (vt)	å foreslå	[ɔ 'forəˌʂlɔ]
vorziehen (vt)	å foretrekke	[ɔ 'forəˌtrɛkə]
wählen (vt)	å velge	[ɔ 'vɛlgə]
warnen (vt)	å varsle	[ɔ 'vaʂlə]
warten (vi)	å vente	[ɔ 'vɛntə]
weinen (vi)	å gråte	[ɔ 'groːtə]
wissen (vt)	å vite	[ɔ 'vitə]
Witz machen	å spøke	[ɔ 'spøkə]
wollen (vt)	å ville	[ɔ 'vilə]
zahlen (vt)	å betale	[ɔ be'talə]
zeigen (jemandem etwas)	å vise	[ɔ 'visə]
zu Abend essen	å spise middag	[ɔ 'spisə 'miˌda]
zu Mittag essen	å spise lunsj	[ɔ 'spisə ˌlʉnʂ]
zubereiten (vt)	å lage	[ɔ 'lagə]
zustimmen (vi)	å samtykke	[ɔ 'samˌtykə]
zweifeln (vi)	å tvile	[ɔ 'tvilə]

14. Farben

Farbe (f)	farge (m)	['fɑrgə]
Schattierung (f)	nyanse (m)	[ny'ɑnsə]
Farbton (m)	fargetone (m)	['fɑrgə‚tʉnə]
Regenbogen (m)	regnbue (m)	['ræjn‚bʉ:ə]

weiß	hvit	['vit]
schwarz	svart	['svɑ:t̪]
grau	grå	['grɔ]

grün	grønn	['grœn]
gelb	gul	['gʉl]
rot	rød	['rø]

blau	blå	['blɔ]
hellblau	lyseblå	['lysə‚blɔ]
rosa	rosa	['rɔsɑ]
orange	oransje	[ɔ'rɑnʂɛ]
violett	fiolett	[fiʊ'lət]
braun	brun	['brʉn]

golden	gullgul	['gʉl]
silbrig	sølv-	['søl-]

beige	beige	['bɛ:ʂ]
cremefarben	kremfarget	['krɛm‚fɑrgət]
türkis	turkis	[tʉr'kis]
kirschrot	kirsebærrød	['çisəbær‚rød]
lila	lila	['lilɑ]
himbeerrot	karminrød	['kɑrmʊ'sin‚rød]

hell	lys	['lys]
dunkel	mørk	['mœrk]
grell	klar	['klɑr]

Farb- (z.B. -stifte)	farge-	['fɑrgə-]
Farb- (z.B. -film)	farge-	['fɑrgə-]
schwarz-weiß	svart-hvit	['svɑ:t̪ vit]
einfarbig	ensfarget	['ɛns‚fɑrgət]
bunt	mangefarget	['mɑŋə‚fɑrgət]

15. Fragen

Wer?	Hvem?	['vɛm]
Was?	Hva?	['vɑ]
Wo?	Hvor?	['vʊr]
Wohin?	Hvorhen?	['vʊrhen]
Woher?	Hvorfra?	['vʊrfrɑ]
Wann?	Når?	[nɔr]
Wozu?	Hvorfor?	['vʊrfʊr]
Warum?	Hvorfor?	['vʊrfʊr]
Wofür?	Hvorfor?	['vʊrfʊr]

Wie?	Hvordan?	['vʉːdɑn]
Welcher?	Hvilken?	['vilkən]
Wem?	Til hvem?	[til 'vɛm]
Über wen?	Om hvem?	[ɔm 'vɛm]
Wovon? (~ sprichst du?)	Om hva?	[ɔm 'vɑ]
Mit wem?	Med hvem?	[me 'vɛm]
Wie viele?	Hvor mange?	[vʊr 'mɑŋə]
Wie viel?	Hvor mye?	[vʊr 'mye]
Wessen?	Hvis?	['vis]

16. Präpositionen

mit (Frau ~ Katzen)	med	[me]
ohne (~ Dich)	uten	['ʉtən]
nach (~ London)	til	['til]
über (~ Geschäfte sprechen)	om	['ɔm]
vor (z.B. ~ acht Uhr)	før	['før]
vor (z.B. ~ dem Haus)	foran, framfor	['fɔrɑn], ['frɑmfɔr]
unter (~ dem Schirm)	under	['ʉnər]
über (~ dem Meeresspiegel)	over	['ɔvər]
auf (~ dem Tisch)	på	['pɔ]
aus (z.B. ~ München)	fra	['frɑ]
aus (z.B. ~ Porzellan)	av	[ɑː]
in (~ zwei Tagen)	om	['ɔm]
über (~ zaun)	over	['ɔvər]

17. Funktionswörter. Adverbien. Teil 1

Wo?	Hvor?	['vʊr]
hier	her	['hɛr]
dort	der	['dɛr]
irgendwo	et sted	[et 'sted]
nirgends	ingensteds	['iŋənˌstɛts]
an (bei)	ved	['ve]
am Fenster	ved vinduet	[ve 'vindʉə]
Wohin?	Hvorhen?	['vʊrhen]
hierher	hit	['hit]
dahin	dit	['dit]
von hier	herfra	['hɛrˌfrɑ]
von da	derfra	['dɛrˌfrɑ]
nah (Adv)	nær	['nær]
weit, fern (Adv)	langt	['lɑŋt]
in der Nähe von …	nær	['nær]
in der Nähe	i nærheten	[i 'nærˌhetən]

unweit (~ unseres Hotels)	ikke langt	['ikə 'laŋt]
link (Adj)	venstre	['vɛnstrə]
links (Adv)	til venstre	[til 'vɛnstrə]
nach links	til venstre	[til 'vɛnstrə]
recht (Adj)	høyre	['højrə]
rechts (Adv)	til høyre	[til 'højrə]
nach rechts	til høyre	[til 'højrə]
vorne (Adv)	foran	['fɔran]
Vorder-	fremre	['frɛmrə]
vorwärts	fram	['fram]
hinten (Adv)	bakom	['bakɔm]
von hinten	bakfra	['bak‚fra]
rückwärts (Adv)	tilbake	[til'bakə]
Mitte (f)	midt (m)	['mit]
in der Mitte	i midten	[i 'mitən]
seitlich (Adv)	fra siden	[fra 'sidən]
überall (Adv)	overalt	[ɔvər'alt]
ringsherum (Adv)	rundt omkring	['rʉnt ɔm'kriŋ]
von innen (Adv)	innefra	['inə‚fra]
irgendwohin (Adv)	et sted	[et 'sted]
geradeaus (Adv)	rett, direkte	['rɛt], ['di'rɛktə]
zurück (Adv)	tilbake	[til'bakə]
irgendwoher (Adv)	et eller annet steds fra	[et 'elər ‚aːnt 'stɛts fra]
von irgendwo (Adv)	et eller annet steds fra	[et 'elər ‚aːnt 'stɛts fra]
erstens	for det første	[fɔr de 'fœşte]
zweitens	for det annet	[fɔr de 'aːnt]
drittens	for det tredje	[fɔr de 'trɛdje]
plötzlich (Adv)	plutselig	['plʉtseli]
zuerst (Adv)	i begynnelsen	[i be'jinəlsən]
zum ersten Mal	for første gang	[fɔr 'fœşte ‚gaŋ]
lange vor…	lenge før …	['leŋə 'før …]
von Anfang an	på nytt	[pɔ 'nʏt]
für immer	for godt	[fɔr 'gɔt]
nie (Adv)	aldri	['aldri]
wieder (Adv)	igjen	[i'jɛn]
jetzt (Adv)	nå	['nɔ]
oft (Adv)	ofte	['ɔftə]
damals (Adv)	da	['da]
dringend (Adv)	omgående	['ɔm‚gɔːnə]
gewöhnlich (Adv)	vanligvis	['vanli‚vis]
übrigens, …	forresten, …	[fɔ'rɛstən …]
möglicherweise (Adv)	mulig, kanskje	['mʉli], ['kanşə]
wahrscheinlich (Adv)	sannsynligvis	[san'sʏnli‚vis]
vielleicht (Adv)	kanskje	['kanşə]
außerdem …	dessuten, …	[des'ʉtən …]

deshalb ...	derfor ...	['dɛrfɔr ...]
trotz ...	på tross av ...	['pɔ 'trɔs ɑː ...]
dank ...	takket være ...	['takət ˌværə ...]
was (~ ist denn?)	hva	['va]
das (~ ist alles)	at	[ɑt]
etwas	noe	['nʊe]
irgendwas	noe	['nʊe]
nichts	ingenting	['iŋəntiŋ]
wer (~ ist ~?)	hvem	['vɛm]
jemand	noen	['nʊən]
irgendwer	noen	['nʊən]
niemand	ingen	['iŋən]
nirgends	ingensteds	['iŋənˌstɛts]
niemandes (~ Eigentum)	ingens	['iŋəns]
jemandes	noens	['nʊəns]
so (derart)	så	['sɔː]
auch	også	['ɔsɔ]
ebenfalls	også	['ɔsɔ]

18. Funktionswörter. Adverbien. Teil 2

Warum?	Hvorfor?	['vʊrfʊr]
aus irgendeinem Grund	av en eller annen grunn	[ɑː en elər 'anən ˌgrʉn]
weil ...	fordi ...	[fɔ'di ...]
zu irgendeinem Zweck	av en eller annen grunn	[ɑː en elər 'anən ˌgrʉn]
und	og	['ɔ]
oder	eller	['elər]
aber	men	['men]
für (präp)	for, til	[fɔr], [til]
zu (~ viele)	for, altfor	['fɔr], ['altfɔr]
nur (~ einmal)	bare	['barə]
genau (Adv)	presis, eksakt	[prɛ'sis], [ɛk'sakt]
etwa	cirka	['sirka]
ungefähr (Adv)	omtrent	[ɔm'trɛnt]
ungefähr (Adj)	omtrentlig	[ɔm'trɛntli]
fast	nesten	['nɛstən]
Übrige (n)	rest (m)	['rɛst]
der andere	den annen	[den 'anən]
andere	andre	['andrə]
jeder (~ Mann)	hver	['vɛr]
beliebig (Adj)	hvilken som helst	['vilkən sɔm 'hɛlst]
viel	mye	['mye]
viele Menschen	mange	['maŋə]
alle (wir ~)	alle	['alə]
im Austausch gegen ...	til gjengjeld for ...	[til 'jɛnjɛl fɔr ...]
dafür (Adv)	istedenfor	[i'stedənˌfɔr]

mit der Hand (Hand-)	for hånd	[fɔr 'hɔn]
schwerlich (Adv)	neppe	['nepə]
wahrscheinlich (Adv)	sannsynligvis	[sɑn'sʏnliˌvis]
absichtlich (Adv)	med vilje	[me 'vilje]
zufällig (Adv)	tilfeldigvis	[til'fɛldivis]
sehr (Adv)	meget	['megət]
zum Beispiel	for eksempel	[fɔr ɛk'sɛmpəl]
zwischen	mellom	['mɛlɔm]
unter (Wir sind ~ Mördern)	blant	['blɑnt]
so viele (~ Ideen)	så mye	['sɔ: mye]
besonders (Adv)	særlig	['sæːli]

Grundbegriffe. Teil 2

19. Wochentage

Montag (m)	mandag (m)	['mɑnˌdɑ]
Dienstag (m)	tirsdag (m)	['tiʂˌdɑ]
Mittwoch (m)	onsdag (m)	['ʊnsˌdɑ]
Donnerstag (m)	torsdag (m)	['tɔʂˌdɑ]
Freitag (m)	fredag (m)	['frɛˌdɑ]
Samstag (m)	lørdag (m)	['lørˌdɑ]
Sonntag (m)	søndag (m)	['sønˌdɑ]
heute	i dag	[i 'dɑ]
morgen	i morgen	[i 'mɔːən]
übermorgen	i overmorgen	[i 'ɔvərˌmɔːən]
gestern	i går	[i 'gɔr]
vorgestern	i forgårs	[i 'fɔrˌgɔʂ]
Tag (m)	dag (m)	['dɑ]
Arbeitstag (m)	arbeidsdag (m)	['ɑrbæjdsˌdɑ]
Feiertag (m)	festdag (m)	['fɛstˌdɑ]
freier Tag (m)	fridag (m)	['friˌdɑ]
Wochenende (n)	ukeslutt (m), helg (f)	['ʉkəˌʂlʉt], ['hɛlg]
den ganzen Tag	hele dagen	['helə 'dɑgən]
am nächsten Tag	neste dag	['nɛstə ˌdɑ]
zwei Tage vorher	for to dager siden	[fɔr tʉ 'dɑgər ˌsidən]
am Vortag	dagen før	['dɑgən 'før]
täglich (Adj)	daglig	['dɑgli]
täglich (Adv)	hver dag	['vɛr dɑ]
Woche (f)	uke (m/f)	['ʉkə]
letzte Woche	siste uke	['sistə 'ʉkə]
nächste Woche	i neste uke	[i 'nɛstə 'ʉkə]
wöchentlich (Adj)	ukentlig	['ʉkəntli]
wöchentlich (Adv)	hver uke	['vɛr 'ʉkə]
zweimal pro Woche	to ganger per uke	['tʉ 'gɑŋər per 'ʉkə]
jeden Dienstag	hver tirsdag	['vɛr 'tiʂdɑ]

20. Stunden. Tag und Nacht

Morgen (m)	morgen (m)	['mɔːən]
morgens	om morgenen	[ɔm 'mɔːenən]
Mittag (m)	middag (m)	['miˌdɑ]
nachmittags	om ettermiddagen	[ɔm 'ɛtərˌmidɑgən]
Abend (m)	kveld (m)	['kvɛl]
abends	om kvelden	[ɔm 'kvɛlən]

Nacht (f)	natt (m/f)	['nɑt]
nachts	om natta	[ɔm 'nɑtɑ]
Mitternacht (f)	midnatt (m/f)	['mid‚nɑt]

Sekunde (f)	sekund (m/n)	[se'kʉn]
Minute (f)	minutt (n)	[mi'nʉt]
Stunde (f)	time (m)	['timə]
eine halbe Stunde	halvtime (m)	['hɑl‚timə]
Viertelstunde (f)	kvarter (n)	[kvɑ:ṭer]
fünfzehn Minuten	femten minutter	['fɛmtən mi'nʉtər]
Tag und Nacht	døgn (n)	['døjn]

Sonnenaufgang (m)	soloppgang (m)	['sʉlɔp‚gɑŋ]
Morgendämmerung (f)	daggry (n)	['dɑg‚gry]
früher Morgen (m)	tidlig morgen (m)	['tili 'mɔ:ən]
Sonnenuntergang (m)	solnedgang (m)	['sʉlned‚gɑŋ]

früh am Morgen	tidlig om morgenen	['tili ɔm 'mɔ:enən]
heute Morgen	i morges	[i 'mɔrəs]
morgen früh	i morgen tidlig	[i 'mɔ:ən 'tili]

heute Mittag	i formiddag	[i 'fɔrmi‚dɑ]
nachmittags	om ettermiddagen	[ɔm 'ɛtər‚midɑgən]
morgen Nachmittag	i morgen ettermiddag	[i 'mɔ:ən 'ɛtər‚midɑ]

| heute Abend | i kveld | [i 'kvɛl] |
| morgen Abend | i morgen kveld | [i 'mɔ:ən ‚kvɛl] |

Punkt drei Uhr	presis klokka tre	[prɛ'sis 'klɔkɑ tre]
gegen vier Uhr	ved fire-tiden	[ve 'fire ‚tidən]
um zwölf Uhr	innen klokken tolv	['inən 'klɔkən tɔl]

in zwanzig Minuten	om tjue minutter	[ɔm 'çʉe mi'nʉtər]
in einer Stunde	om en time	[ɔm en 'timə]
rechtzeitig (Adv)	i tide	[i 'tidə]

Viertel vor ...	kvart på ...	['kvɑ:ṭ pɔ ...]
innerhalb einer Stunde	innen en time	['inən en 'time]
alle fünfzehn Minuten	hvert kvarter	['vɛ:ṭ kvɑ:'ṭer]
Tag und Nacht	døgnet rundt	['døjne ‚rʉnt]

21. Monate. Jahreszeiten

Januar (m)	januar (m)	['jɑnʉ‚ɑr]
Februar (m)	februar (m)	['febrʉ‚ɑr]
März (m)	mars (m)	['mɑʂ]
April (m)	april (m)	[ɑ'pril]
Mai (m)	mai (m)	['mɑj]
Juni (m)	juni (m)	['jʉni]

Juli (m)	juli (m)	['jʉli]
August (m)	august (m)	[aʉ'gʉst]
September (m)	september (m)	[sep'tɛmbər]
Oktober (m)	oktober (m)	[ɔk'tʉbər]

German	Norwegisch	Aussprache
November (m)	november (m)	[nʊ'vɛmbər]
Dezember (m)	desember (m)	[de'sɛmbər]
Frühling (m)	vår (m)	['vɔːr]
im Frühling	om våren	[ɔm 'voːrən]
Frühlings-	vår-, vårlig	['vɔːr-], ['vɔːli]
Sommer (m)	sommer (m)	['sɔmər]
im Sommer	om sommeren	[ɔm 'sɔmərən]
Sommer-	sommer-	['sɔmər-]
Herbst (m)	høst (m)	['høst]
im Herbst	om høsten	[ɔm 'høstən]
Herbst-	høst-, høstlig	['høst-], ['høstli]
Winter (m)	vinter (m)	['vintər]
im Winter	om vinteren	[ɔm 'vintərən]
Winter-	vinter-	['vintər-]
Monat (m)	måned (m)	['moːnət]
in diesem Monat	denne måneden	['dɛnə 'moːnedən]
nächsten Monat	neste måned	['nɛstə 'moːnət]
letzten Monat	forrige måned	['fɔriə ˌmoːnət]
vor einem Monat	for en måned siden	[fɔr en 'moːnət ˌsidən]
über eine Monat	om en måned	[ɔm en 'moːnət]
in zwei Monaten	om to måneder	[ɔm 'tʊ 'moːnedər]
den ganzen Monat	hele måned	['helə 'moːnət]
monatlich (Adj)	månedlig	['moːnədli]
monatlich (Adv)	månedligt	['moːnedlət]
jeden Monat	hver måned	[ˌvɛr 'moːnət]
zweimal pro Monat	to ganger per måned	['tʊ 'gaŋər per 'moːnət]
Jahr (n)	år (n)	['ɔr]
dieses Jahr	i år	[i 'oːr]
nächstes Jahr	neste år	['nɛstə ˌoːr]
voriges Jahr	i fjor	[i 'fjɔr]
vor einem Jahr	for et år siden	[fɔr et 'oːr ˌsidən]
in einem Jahr	om et år	[ɔm et 'oːr]
in zwei Jahren	om to år	[ɔm 'tʊ 'oːr]
das ganze Jahr	hele året	['helə 'oːre]
jedes Jahr	hvert år	['vɛːt̻ 'oːr]
jährlich (Adj)	årlig	['oːli]
jährlich (Adv)	årlig, hvert år	['oːli], ['vɛːt̻ 'ɔr]
viermal pro Jahr	fire ganger per år	['fire 'gaŋər per 'oːr]
Datum (heutige ~)	dato (m)	['datʊ]
Datum (Geburts-)	dato (m)	['datʊ]
Kalender (m)	kalender (m)	[kɑ'lendər]
ein halbes Jahr	halvår (n)	['hɑlˌoːr]
Halbjahr (n)	halvår (n)	['hɑlˌoːr]
Saison (f)	årstid (m/f)	['oːs̻ˌtid]
Jahrhundert (n)	århundre (n)	['ɔrˌhʉndrə]

22. Maßeinheiten

Gewicht (n)	vekt (m)	['vɛkt]
Länge (f)	lengde (m/f)	['leŋdə]
Breite (f)	bredde (m)	['brɛdə]
Höhe (f)	høyde (m)	['højdə]
Tiefe (f)	dybde (m)	['dybdə]
Volumen (n)	volum (n)	[vɔ'lʉm]
Fläche (f)	areal (n)	[ˌarɛ'al]
Gramm (n)	gram (n)	['gram]
Milligramm (n)	milligram (n)	['miliˌgram]
Kilo (n)	kilogram (n)	['çiluˌgram]
Tonne (f)	tonn (m/n)	['tɔn]
Pfund (n)	pund (n)	['pʉn]
Unze (f)	unse (m)	['ʉnsə]
Meter (m)	meter (m)	['metər]
Millimeter (m)	millimeter (m)	['miliˌmetər]
Zentimeter (m)	centimeter (m)	['sɛntiˌmetər]
Kilometer (m)	kilometer (m)	['çiluˌmetər]
Meile (f)	mil (m/f)	['mil]
Zoll (m)	tomme (m)	['tɔmə]
Fuß (m)	fot (m)	['fʊt]
Yard (n)	yard (m)	['jaːrd]
Quadratmeter (m)	kvadratmeter (m)	[kvaˈdratˌmetər]
Hektar (n)	hektar (n)	['hɛktar]
Liter (m)	liter (m)	['litər]
Grad (m)	grad (m)	['grad]
Volt (n)	volt (m)	['vɔlt]
Ampere (n)	ampere (m)	[amˈpɛr]
Pferdestärke (f)	hestekraft (m/f)	['hɛstəˌkraft]
Anzahl (f)	mengde (m)	['mɛŋdə]
etwas …	få	['fo …]
Hälfte (f)	halvdel (m)	['haldel]
Dutzend (n)	dusin (n)	[dʉ'sin]
Stück (n)	stykke (n)	['stykə]
Größe (f)	størrelse (m)	['stœrəlsə]
Maßstab (m)	målestokk (m)	['moːləˌstɔk]
minimal (Adj)	minimal	[miniˈmal]
der kleinste	minste	['minstə]
mittler, mittel-	middel-	['midəl-]
maximal (Adj)	maksimal	[maksiˈmal]
der größte	største	['stœstə]

23. Behälter

Glas (Einmachglas)	glaskrukke (m/f)	['glasˌkrʉkə]
Dose (z.B. Bierdose)	boks (m)	['bɔks]

Eimer (m)	bøtte (m/f)	['bœtə]
Fass (n), Tonne (f)	tønne (m)	['tœnə]

Waschschüssel (n)	vaskefat (n)	['vaskə‚fɑt]
Tank (m)	tank (m)	['tɑŋk]
Flachmann (m)	lommelerke (m/f)	['lʊmə‚lærkə]
Kanister (m)	bensinkanne (m/f)	[bɛn'sin‚kɑnə]
Zisterne (f)	tank (m)	['tɑŋk]

Kaffeebecher (m)	krus (n)	['krʉs]
Tasse (f)	kopp (m)	['kɔp]
Untertasse (f)	tefat (n)	['te‚fɑt]
Wasserglas (n)	glass (n)	['glɑs]
Weinglas (n)	vinglass (n)	['vin‚glɑs]
Kochtopf (m)	gryte (m/f)	['grytə]

Flasche (f)	flaske (m)	['flɑskə]
Flaschenhals (m)	flaskehals (m)	['flɑskə‚hɑls]

Karaffe (f)	karaffel (m)	[kɑ'rɑfəl]
Tonkrug (m)	mugge (m/f)	['mʉgə]
Gefäß (n)	beholder (m)	[be'hɔlər]
Tontopf (m)	pott, potte (m)	['pɔt], ['pɔtə]
Vase (f)	vase (m)	['vɑsə]

Flakon (n)	flakong (m)	[flɑ'kɔŋ]
Fläschchen (n)	flaske (m/f)	['flɑskə]
Tube (z.B. Zahnpasta)	tube (m)	['tʉbə]

Sack (~ Kartoffeln)	sekk (m)	['sɛk]
Tüte (z.B. Plastiktüte)	pose (m)	['pʉsə]
Schachtel (z.B. Zigaretten~)	pakke (m/f)	['pɑkə]

Karton (z.B. Schuhkarton)	eske (m/f)	['ɛskə]
Kiste (z.B. Bananenkiste)	kasse (m/f)	['kɑsə]
Korb (m)	kurv (m)	['kʉrv]

DER MENSCH

Der Mensch. Körper

24. Kopf

Kopf (m)	hode (n)	['hʊdə]
Gesicht (n)	ansikt (n)	['ansikt]
Nase (f)	nese (m/f)	['nesə]
Mund (m)	munn (m)	['mʉn]
Auge (n)	øye (n)	['øjə]
Augen (pl)	øyne (n pl)	['øjnə]
Pupille (f)	pupill (m)	[pʉ'pil]
Augenbraue (f)	øyenbryn (n)	['øjən͵bryn]
Wimper (f)	øyenvipp (m)	['øjən͵vip]
Augenlid (n)	øyelokk (m)	['øjə͵lɔk]
Zunge (f)	tunge (m/f)	['tʉŋə]
Zahn (m)	tann (m/f)	['tan]
Lippen (pl)	lepper (m/f pl)	['lepər]
Backenknochen (pl)	kinnbein (n pl)	['çin͵bæjn]
Zahnfleisch (n)	tannkjøtt (n)	['tan͵çœt]
Gaumen (m)	gane (m)	['ganə]
Nasenlöcher (pl)	nesebor (n pl)	['nesə͵bʊr]
Kinn (n)	hake (m/f)	['hakə]
Kiefer (m)	kjeve (m)	['çɛvə]
Wange (f)	kinn (n)	['çin]
Stirn (f)	panne (m/f)	['panə]
Schläfe (f)	tinning (m)	['tiniŋ]
Ohr (n)	øre (n)	['ørə]
Nacken (m)	bakhode (n)	['bak͵hodə]
Hals (m)	hals (m)	['hals]
Kehle (f)	strupe, hals (m)	['strʉpə], ['hals]
Haare (pl)	hår (n pl)	['hɔr]
Frisur (f)	frisyre (m)	[fri'syrə]
Haarschnitt (m)	hårfasong (m)	['hoːrfa͵sɔŋ]
Perücke (f)	parykk (m)	[pa'ryk]
Schnurrbart (m)	mustasje (m)	[mʉ'staʂə]
Bart (m)	skjegg (n)	['ʂɛg]
haben (einen Bart ~)	å ha	[ɔ 'ha]
Zopf (m)	flette (m/f)	['fletə]
Backenbart (m)	bakkenbarter (pl)	['bakən͵baːʈər]
rothaarig	rødhåret	['rø͵hoːrət]
grau	grå	['grɔ]

| kahl | skallet | ['skɑlət] |
| Glatze (f) | skallet flekk (m) | ['skɑlət ˌflek] |

| Pferdeschwanz (m) | hestehale (m) | ['hɛstəˌhɑlə] |
| Pony (Ponyfrisur) | pannelugg (m) | ['pɑnəˌlʉg] |

25. Menschlicher Körper

| Hand (f) | hånd (m/f) | ['hɔn] |
| Arm (m) | arm (m) | ['ɑrm] |

Finger (m)	finger (m)	['fiŋər]
Zehe (f)	tå (m/f)	['tɔ]
Daumen (m)	tommel (m)	['tɔməl]
kleiner Finger (m)	lillefinger (m)	['liləˌfiŋər]
Nagel (m)	negl (m)	['nɛjl]

Faust (f)	knyttneve (m)	['knʏtˌnevə]
Handfläche (f)	håndflate (m/f)	['hɔnˌflɑtə]
Handgelenk (n)	håndledd (n)	['hɔnˌled]
Unterarm (m)	underarm (m)	['ʉnərˌɑrm]
Ellbogen (m)	albue (m)	['ɑlˌbʉə]
Schulter (f)	skulder (m)	['skʉldər]

Bein (n)	bein (n)	['bæjn]
Fuß (m)	fot (m)	['fʊt]
Knie (n)	kne (n)	['knɛ]
Wade (f)	legg (m)	['leg]
Hüfte (f)	hofte (m)	['hoftə]
Ferse (f)	hæl (m)	['hæl]

Körper (m)	kropp (m)	['krɔp]
Bauch (m)	mage (m)	['mɑgə]
Brust (f)	bryst (n)	['brʏst]
Busen (m)	bryst (n)	['brʏst]
Seite (f), Flanke (f)	side (m/f)	['sidə]
Rücken (m)	rygg (m)	['rʏg]
Kreuz (n)	korsrygg (m)	['kɔːʂˌrʏg]
Taille (f)	liv (n), midje (m/f)	['liv], ['midjə]

Nabel (m)	navle (m)	['nɑvlə]
Gesäßbacken (pl)	rumpeballer (m pl)	['rʉmpəˌbɑlər]
Hinterteil (n)	bak (m)	['bɑk]

Leberfleck (m)	føflekk (m)	['føˌflek]
Muttermal (n)	fødselsmerke (n)	['føtsəlsˌmærke]
Tätowierung (f)	tatovering (m/f)	[tatʊˈveriŋ]
Narbe (f)	arr (n)	['ɑr]

Kleidung & Accessoires

26. Oberbekleidung. Mäntel

Kleidung (f)	klær (n)	['klær]
Oberkleidung (f)	yttertøy (n)	['ytə͜tøj]
Winterkleidung (f)	vinterklær (n pl)	['vintər͜klær]
Mantel (m)	frakk (m), kåpe (m/f)	['frɑk], ['koːpə]
Pelzmantel (m)	pels (m), pelskåpe (m/f)	['pɛls], ['pɛls͜koːpə]
Pelzjacke (f)	pelsjakke (m/f)	['pɛls͜jakə]
Daunenjacke (f)	dunjakke (m/f)	['dʉn͜jakə]
Jacke (z.B. Lederjacke)	jakke (m/f)	['jakə]
Regenmantel (m)	regnfrakk (m)	['ræjn͜frɑk]
wasserdicht	vanntett	['vɑn͜tɛt]

27. Men's & women's clothing

Hemd (n)	skjorte (m/f)	['ʂœːtə]
Hose (f)	bukse (m)	['bʉksə]
Jeans (pl)	jeans (m)	['dʒins]
Jackett (n)	dressjakke (m/f)	['drɛs͜jakə]
Anzug (m)	dress (m)	['drɛs]
Damenkleid (n)	kjole (m)	['çulə]
Rock (m)	skjørt (n)	['ʂøːt]
Bluse (f)	bluse (m)	['blʉsə]
Strickjacke (f)	strikket trøye (m/f)	['strikə 'trøjə]
Jacke (Damen Kostüm)	blazer (m)	['blæsər]
T-Shirt (n)	T-skjorte (m/f)	['te͜ʂœːtə]
Shorts (pl)	shorts (m)	['ʂɔːts]
Sportanzug (m)	treningsdrakt (m/f)	['treniŋs͜drɑkt]
Bademantel (m)	badekåpe (m/f)	['bɑdə͜koːpə]
Schlafanzug (m)	pyjamas (m)	[py'ʂɑmɑs]
Sweater (m)	sweater (m)	['svɛtər]
Pullover (m)	pullover (m)	[pʉ'lɔvər]
Weste (f)	vest (m)	['vɛst]
Frack (m)	livkjole (m)	['liv͜çulə]
Smoking (m)	smoking (m)	['smɔkiŋ]
Uniform (f)	uniform (m)	[ʉni'fɔrm]
Arbeitskleidung (f)	arbeidsklær (n pl)	['ɑrbæjds͜klær]
Overall (m)	kjeledress, overall (m)	['çelə͜drɛs], ['ɔvɛr͜ɔl]
Kittel (z.B. Arztkittel)	kittel (m)	['çitəl]

28. Kleidung. Unterwäsche

Unterwäsche (f)	undertøy (n)	['ʉnəˌtøj]
Herrenslip (m)	underbukse (m/f)	['ʉnərˌbʉksə]
Damenslip (m)	truse (m/f)	['trʉsə]
Unterhemd (n)	undertrøye (m/f)	['ʉnəˌtrøjə]
Socken (pl)	sokker (m pl)	['sɔkər]
Nachthemd (n)	nattkjole (m)	['natˌçʉlə]
Büstenhalter (m)	behå (m)	['beˌhɔ]
Kniestrümpfe (pl)	knestrømper (m/f pl)	['knɛˌstrømpər]
Strumpfhose (f)	strømpebukse (m/f)	['strømpəˌbʉksə]
Strümpfe (pl)	strømper (m/f pl)	['strømpər]
Badeanzug (m)	badedrakt (m/f)	['badəˌdrakt]

29. Kopfbekleidung

Mütze (f)	hatt (m)	['hat]
Filzhut (m)	hatt (m)	['hat]
Baseballkappe (f)	baseball cap (m)	['bɛjsbɔl kɛp]
Schiebermütze (f)	sikspens (m)	['sikspens]
Baskenmütze (f)	alpelue, baskerlue (m/f)	['alpəˌlʉə], ['baskəˌlʉə]
Kapuze (f)	hette (m/f)	['hɛtə]
Panamahut (m)	panamahatt (m)	['panamaˌhat]
Strickmütze (f)	strikket lue (m/f)	['strikəˌlʉə]
Kopftuch (n)	skaut (n)	['skaʊt]
Damenhut (m)	hatt (m)	['hat]
Schutzhelm (m)	hjelm (m)	['jɛlm]
Feldmütze (f)	båtlue (m/f)	['bɔtˌlʉə]
Helm (z.B. Motorradhelm)	hjelm (m)	['jɛlm]
Melone (f)	bowlerhatt, skalk (m)	['bɔʊlerˌhat], ['skalk]
Zylinder (m)	flosshatt (m)	['flɔsˌhat]

30. Schuhwerk

Schuhe (pl)	skotøy (n)	['skʊtøj]
Stiefeletten (pl)	skor (m pl)	['skʊr]
Halbschuhe (pl)	pumps (m pl)	['pʉmps]
Stiefel (pl)	støvler (m pl)	['støvlər]
Hausschuhe (pl)	tøfler (m pl)	['tøflər]
Tennisschuhe (pl)	tennissko (m pl)	['tɛnisˌskʊ]
Leinenschuhe (pl)	canvas sko (m pl)	['kanvas ˌskʊ]
Sandalen (pl)	sandaler (m pl)	[san'dalər]
Schuster (m)	skomaker (m)	['skʊˌmakər]
Absatz (m)	hæl (m)	['hæl]

Paar (n)	**par** (n)	['pɑr]
Schnürsenkel (m)	**skolisse** (m/f)	['skʊˌlisə]
schnüren (vt)	**å snøre**	[ɔ 'snørə]
Schuhlöffel (m)	**skohorn** (n)	['skʊˌhʊːɳ]
Schuhcreme (f)	**skokrem** (m)	['skʊˌkrɛm]

31. Persönliche Accessoires

Handschuhe (pl)	**hansker** (m pl)	['hɑnskər]
Fausthandschuhe (pl)	**votter** (m pl)	['vɔtər]
Schal (Kaschmir-)	**skjerf** (n)	['ʂærf]
Brille (f)	**briller** (m pl)	['brilər]
Brillengestell (n)	**innfatning** (m/f)	['inˌfɑtniŋ]
Regenschirm (m)	**paraply** (m)	[pɑrɑ'ply]
Spazierstock (m)	**stokk** (m)	['stɔk]
Haarbürste (f)	**hårbørste** (m)	['hɔrˌbœʂtə]
Fächer (m)	**vifte** (m/f)	['viftə]
Krawatte (f)	**slips** (n)	['slips]
Fliege (f)	**sløyfe** (m/f)	['ʂløjfə]
Hosenträger (pl)	**bukseseler** (m pl)	['bʉksə'selər]
Taschentuch (n)	**lommetørkle** (n)	['lʊməˌtœrklə]
Kamm (m)	**kam** (m)	['kɑm]
Haarspange (f)	**hårspenne** (m/f/n)	['hoːrˌspɛnə]
Haarnadel (f)	**hårnål** (m/f)	['hoːrˌnol]
Schnalle (f)	**spenne** (m/f/n)	['spɛnə]
Gürtel (m)	**belte** (m)	['bɛltə]
Umhängegurt (m)	**skulderreim, rem** (m/f)	['skʉldəˌræjm], ['rem]
Tasche (f)	**veske** (m/f)	['vɛskə]
Handtasche (f)	**håndveske** (m/f)	['hɔnˌvɛskə]
Rucksack (m)	**ryggsekk** (m)	['rʏgˌsɛk]

32. Kleidung. Verschiedenes

Mode (f)	**mote** (m)	['mʊtə]
modisch	**moteriktig**	['mʊtəˌrikti]
Modedesigner (m)	**moteskaper** (m)	['mʊtəˌskɑpər]
Kragen (m)	**krage** (m)	['krɑgə]
Tasche (f)	**lomme** (m/f)	['lʊmə]
Taschen-	**lomme-**	['lʊmə-]
Ärmel (m)	**erme** (n)	['ærmə]
Aufhänger (m)	**hempe** (m)	['hɛmpə]
Hosenschlitz (m)	**gylf, buksesmekk** (m)	['gylf], ['bʉksəˌsmɛk]
Reißverschluss (m)	**glidelås** (m/n)	['glidəˌlɔs]
Verschluss (m)	**hekte** (m/f), **knepping** (m)	['hɛktə], ['knɛpiŋ]
Knopf (m)	**knapp** (m)	['knɑp]

| Knopfloch (n) | klapphull (n) | ['klɑpˌhʉl] |
| abgehen (Knopf usw.) | å falle av | [ɔ 'falə ɑ:] |

nähen (vi, vt)	å sy	[ɔ 'sy]
sticken (vt)	å brodere	[ɔ brʉ'derə]
Stickerei (f)	broderi (n)	[brʉde'ri]
Nadel (f)	synål (m/f)	['syˌnɔl]
Faden (m)	tråd (m)	['trɔ]
Naht (f)	søm (m)	['søm]

sich beschmutzen	å skitne seg til	[ɔ 'ʂitnə sæj til]
Fleck (m)	flekk (m)	['flek]
sich knittern	å bli skrukkete	[ɔ 'bli 'skrʉketə]
zerreißen (vt)	å rive	[ɔ 'rivə]
Motte (f)	møll (m/n)	['møl]

33. Kosmetikartikel. Kosmetik

Zahnpasta (f)	tannpasta (m)	['tɑnˌpɑstɑ]
Zahnbürste (f)	tannbørste (m)	['tɑnˌbœʂtə]
Zähne putzen	å pusse tennene	[ɔ 'pʉsə 'tɛnənə]

Rasierer (m)	høvel (m)	['høvəl]
Rasiercreme (f)	barberkrem (m)	[bɑr'bɛrˌkrɛm]
sich rasieren	å barbere seg	[ɔ bɑr'berə sæj]

| Seife (f) | såpe (m/f) | ['so:pə] |
| Shampoo (n) | sjampo (m) | ['ʂɑmˌpʉ] |

Schere (f)	saks (m/f)	['sɑks]
Nagelfeile (f)	neglefil (m/f)	['nɛjləˌfil]
Nagelzange (f)	negleklipper (m)	['nɛjləˌklipər]
Pinzette (f)	pinsett (m)	[pin'sɛt]

Kosmetik (f)	kosmetikk (m)	[kʉsme'tik]
Gesichtsmaske (f)	ansiktsmaske (m/f)	['ɑnsiktsˌmɑskə]
Maniküre (f)	manikyr (m)	[mɑni'kyr]
Maniküre machen	å få manikyr	[ɔ 'fɔ mɑni'kyr]
Pediküre (f)	pedikyr (m)	[pedi'kyr]

Kosmetiktasche (f)	sminkeveske (m/f)	['sminkəˌvɛskə]
Puder (m)	pudder (n)	['pʉdər]
Puderdose (f)	pudderdåse (m)	['pʉdərˌdo:sə]
Rouge (n)	rouge (m)	['ru:ʂ]

Parfüm (n)	parfyme (m)	[pɑr'fymə]
Duftwasser (n)	eau de toilette (m)	['ɔ: də twɑ'let]
Lotion (f)	lotion (m)	['loʉʂɛn]
Kölnischwasser (n)	eau de cologne (m)	['ɔ: də kɔ'lɔn]

Lidschatten (m)	øyeskygge (m)	['øjəˌsygə]
Kajalstift (m)	eyeliner (m)	['ɑ:jˌlɑjnər]
Wimperntusche (f)	maskara (m)	[mɑ'skɑrɑ]
Lippenstift (m)	leppestift (m)	['lepəˌstift]

Nagellack (m)	neglelakk (m)	['nɛjləˌlak]
Haarlack (m)	hårlakk (m)	['hoːrˌlak]
Deodorant (n)	deodorant (m)	[deudʉ'rant]

Creme (f)	krem (m)	['krɛm]
Gesichtscreme (f)	ansiktskrem (m)	['ansiktsˌkrɛm]
Handcreme (f)	håndkrem (m)	['hɔnˌkrɛm]
Anti-Falten-Creme (f)	antirynkekrem (m)	[anti'rʏnkəˌkrɛm]
Tagescreme (f)	dagkrem (m)	['dagˌkrɛm]
Nachtcreme (f)	nattkrem (m)	['natˌkrɛm]
Tages-	dag-	['dag-]
Nacht-	natt-	['nat-]

Tampon (m)	tampong (m)	[tam'pɔŋ]
Toilettenpapier (n)	toalettpapir (n)	[tʊɑ'let pɑ'pir]
Föhn (m)	hårføner (m)	['hoːrˌfønər]

34. Armbanduhren Uhren

Armbanduhr (f)	armbåndsur (n)	['armbɔnsˌʉr]
Zifferblatt (n)	urskive (m/f)	['ʉːˌsivə]
Zeiger (m)	viser (m)	['visər]
Metallarmband (n)	armbånd (n)	['armˌbɔn]
Uhrenarmband (n)	rem (m/f)	['rem]

Batterie (f)	batteri (n)	[batɛ'ri]
verbraucht sein	å bli utladet	[ɔ 'bli 'ʉtˌladət]
die Batterie wechseln	å skifte batteriene	[ɔ 'ʂiftə batɛ'rienə]
vorgehen (vi)	å gå for fort	[ɔ 'gɔ fɔ 'foːʈ]
nachgehen (vi)	å gå for sakte	[ɔ 'gɔ fɔ 'saktə]

Wanduhr (f)	veggur (n)	['vɛgˌʉr]
Sanduhr (f)	timeglass (n)	['timəˌglas]
Sonnenuhr (f)	solur (n)	['sʊlˌʉr]
Wecker (m)	vekkerklokka (m/f)	['vɛkərˌklɔka]
Uhrmacher (m)	urmaker (m)	['ʉrˌmakər]
reparieren (vt)	å reparere	[ɔ repa'rerə]

Essen. Ernährung

35. Essen

Fleisch (n)	kjøtt (n)	['çœt]
Hühnerfleisch (n)	høne (m/f)	['hønə]
Küken (n)	kylling (m)	['çyliŋ]
Ente (f)	and (m/f)	['ɑn]
Gans (f)	gås (m/f)	['gɔs]
Wild (n)	vilt (n)	['vilt]
Pute (f)	kalkun (m)	[kɑl'kʉn]

Schweinefleisch (n)	svinekjøtt (n)	['svinə‚çœt]
Kalbfleisch (n)	kalvekjøtt (n)	['kɑlvə‚çœt]
Hammelfleisch (n)	fårekjøtt (n)	['foːrə‚çœt]
Rindfleisch (n)	oksekjøtt (n)	['ɔksə‚çœt]
Kaninchenfleisch (n)	kanin (m)	[kɑ'nin]

Wurst (f)	pølse (m/f)	['pølsə]
Würstchen (n)	wienerpølse (m/f)	['vinər‚pølsə]
Schinkenspeck (m)	bacon (n)	['bɛjkən]
Schinken (m)	skinke (m)	['ʂinkə]
Räucherschinken (m)	skinke (m)	['ʂinkə]

Pastete (f)	pate, paté (m)	[pɑ'te]
Leber (f)	lever (m)	['levər]
Hackfleisch (n)	kjøttfarse (m)	['çœt‚farʂə]
Zunge (f)	tunge (m/f)	['tʉŋə]

Ei (n)	egg (n)	['ɛg]
Eier (pl)	egg (n pl)	['ɛg]
Eiweiß (n)	eggehvite (m)	['ɛgə‚vitə]
Eigelb (n)	plomme (m/f)	['plʉmə]

Fisch (m)	fisk (m)	['fisk]
Meeresfrüchte (pl)	sjømat (m)	['ʂø‚mɑt]
Krebstiere (pl)	krepsdyr (n pl)	['krɛps‚dyr]
Kaviar (m)	kaviar (m)	['kɑvi‚ɑr]

Krabbe (f)	krabbe (m)	['krɑbə]
Garnele (f)	reke (m/f)	['rekə]
Auster (f)	østers (m)	['østəʂ]
Languste (f)	langust (m)	[lɑŋ'gʉst]
Krake (m)	blekksprut (m)	['blek‚sprʉt]
Kalmar (m)	blekksprut (m)	['blek‚sprʉt]

Störfleisch (n)	stør (m)	['stør]
Lachs (m)	laks (m)	['lɑks]
Heilbutt (m)	kveite (m/f)	['kvæjtə]
Dorsch (m)	torsk (m)	['tɔʂk]

Makrele (f)	makrell (m)	[ma'krɛl]
Tunfisch (m)	tunfisk (m)	['tʉnˌfisk]
Aal (m)	ål (m)	['ɔl]
Forelle (f)	ørret (m)	['øret]
Sardine (f)	sardin (m)	[sɑː'din]
Hecht (m)	gjedde (m/f)	['jɛdə]
Hering (m)	sild (m/f)	['sil]
Brot (n)	brød (n)	['brø]
Käse (m)	ost (m)	['ʊst]
Zucker (m)	sukker (n)	['sʉkər]
Salz (n)	salt (n)	['salt]
Reis (m)	ris (m)	['ris]
Teigwaren (pl)	pasta, makaroni (m)	['pasta], [maka'rʉni]
Nudeln (pl)	nudler (m pl)	['nʉdlər]
Butter (f)	smør (n)	['smør]
Pflanzenöl (n)	vegetabilsk olje (m)	[vegeta'bilsk ˌɔljə]
Sonnenblumenöl (n)	solsikkeolje (m)	['sʉlsikəˌɔljə]
Margarine (f)	margarin (m)	[marga'rin]
Oliven (pl)	olivener (m pl)	[ʊ'livenər]
Olivenöl (n)	olivenolje (m)	[ʊ'livenˌɔljə]
Milch (f)	melk (m/f)	['mɛlk]
Kondensmilch (f)	kondensert melk (m/f)	[kʊndən'seːt ˌmɛlk]
Joghurt (m)	jogurt (m)	['jɔgʉːt]
saure Sahne (f)	rømme, syrnet fløte (m)	['rœmə], ['syːnet 'fløtə]
Sahne (f)	fløte (m)	['fløtə]
Mayonnaise (f)	majones (m)	[majo'nɛs]
Buttercreme (f)	krem (m)	['krɛm]
Grütze (f)	gryn (n)	['gryn]
Mehl (n)	mel (n)	['mel]
Konserven (pl)	hermetikk (m)	[hɛrme'tik]
Maisflocken (pl)	cornflakes (m)	['kɔːnˌflejks]
Honig (m)	honning (m)	['hɔniŋ]
Marmelade (f)	syltetøy (n)	['syltəˌtøj]
Kaugummi (m, n)	tyggegummi (m)	['tygəˌgʉmi]

36. Getränke

Wasser (n)	vann (n)	['van]
Trinkwasser (n)	drikkevann (n)	['drikəˌvan]
Mineralwasser (n)	mineralvann (n)	[minə'ralˌvan]
still	uten kullsyre	['ʉten kʉl'syrə]
mit Kohlensäure	kullsyret	[kʉl'syrət]
mit Gas	med kullsyre	[me kʉl'syrə]
Eis (n)	is (m)	['is]

mit Eis	med is	[me 'is]
alkoholfrei (Adj)	alkoholfri	['alkʉhʉlˌfri]
alkoholfreies Getränk (n)	alkoholfri drikk (m)	['alkʉhʉlˌfri drik]
Erfrischungsgetränk (n)	leskedrikk (m)	['leskəˌdrik]
Limonade (f)	limonade (m)	[limɔ'nadə]
Spirituosen (pl)	rusdrikker (m pl)	['rʉsˌdrikər]
Wein (m)	vin (m)	['vin]
Weißwein (m)	hvitvin (m)	['vitˌvin]
Rotwein (m)	rødvin (m)	['røˌvin]
Likör (m)	likør (m)	[li'kør]
Champagner (m)	champagne (m)	[ʂam'panjə]
Wermut (m)	vermut (m)	['værmʉt]
Whisky (m)	whisky (m)	['viski]
Wodka (m)	vodka (m)	['vɔdka]
Gin (m)	gin (m)	['dʒin]
Kognak (m)	konjakk (m)	['kʉnjak]
Rum (m)	rom (m)	['rʉm]
Kaffee (m)	kaffe (m)	['kafə]
schwarzer Kaffee (m)	svart kaffe (m)	['svaːʈ 'kafə]
Milchkaffee (m)	kaffe (m) med melk	['kafə me 'mɛlk]
Cappuccino (m)	cappuccino (m)	[kapʉ'tʃinɔ]
Pulverkaffee (m)	pulverkaffe (m)	['pʉlvərˌkafə]
Milch (f)	melk (m/f)	['mɛlk]
Cocktail (m)	cocktail (m)	['kɔkˌtɛjl]
Milchcocktail (m)	milkshake (m)	['milkˌʂɛjk]
Saft (m)	jus, juice (m)	['dʒʉs]
Tomatensaft (m)	tomatjuice (m)	[tʉ'matˌdʒʉs]
Orangensaft (m)	appelsinjuice (m)	[apəl'sinˌdʒʉs]
frisch gepresster Saft (m)	nypresset juice (m)	['nyˌprɛsə 'dʒʉs]
Bier (n)	øl (m/n)	['øl]
Helles (n)	lettøl (n)	['letˌøl]
Dunkelbier (n)	mørkt øl (n)	['mœrktˌøl]
Tee (m)	te (m)	['te]
schwarzer Tee (m)	svart te (m)	['svaːʈ ˌte]
grüner Tee (m)	grønn te (m)	['grœn ˌte]

37. Gemüse

Gemüse (n)	grønnsaker (m pl)	['grœnˌsakər]
grünes Gemüse (pl)	grønnsaker (m pl)	['grœnˌsakər]
Tomate (f)	tomat (m)	[tʉ'mat]
Gurke (f)	agurk (m)	[a'gʉrk]
Karotte (f)	gulrot (m/f)	['gʉlˌrʊt]
Kartoffel (f)	potet (m/f)	[pʉ'tet]
Zwiebel (f)	løk (m)	['løk]

Deutsch	Norwegisch	Aussprache
Knoblauch (m)	hvitløk (m)	['vit,løk]
Kohl (m)	kål (m)	['kɔl]
Blumenkohl (m)	blomkål (m)	['blɔm,kɔl]
Rosenkohl (m)	rosenkål (m)	['rʉsən,kɔl]
Brokkoli (m)	brokkoli (m)	['brɔkɔli]
Rote Bete (f)	rødbete (m/f)	['rø,betə]
Aubergine (f)	aubergine (m)	[ɔbɛr'ʂin]
Zucchini (f)	squash (m)	['skvɔʂ]
Kürbis (m)	gresskar (n)	['grɛskɑr]
Rübe (f)	nepe (m/f)	['nepə]
Petersilie (f)	persille (m/f)	[pæ'ʂilə]
Dill (m)	dill (m)	['dil]
Kopf Salat (m)	salat (m)	[sɑ'lɑt]
Sellerie (f)	selleri (m/n)	[sɛle,ri]
Spargel (m)	asparges (m)	[ɑ'spɑrʂəs]
Spinat (m)	spinat (m)	[spi'nɑt]
Erbse (f)	erter (m pl)	['æːtər]
Bohnen (pl)	bønner (m/f pl)	['bœnər]
Mais (m)	mais (m)	['mɑis]
weiße Bohne (f)	bønne (m/f)	['bœnə]
Paprika (m)	pepper (m)	['pɛpər]
Radieschen (n)	reddik (m)	['rɛdik]
Artischocke (f)	artisjokk (m)	[,ɑːti'ʂɔk]

38. Obst. Nüsse

Deutsch	Norwegisch	Aussprache
Frucht (f)	frukt (m/f)	['frʉkt]
Apfel (m)	eple (n)	['ɛplə]
Birne (f)	pære (m/f)	['pærə]
Zitrone (f)	sitron (m)	[si'trʉn]
Apfelsine (f)	appelsin (m)	[ɑpel'sin]
Erdbeere (f)	jordbær (n)	['juːr,bær]
Mandarine (f)	mandarin (m)	[mɑndɑ'rin]
Pflaume (f)	plomme (m/f)	['plʉmə]
Pfirsich (m)	fersken (m)	['fæʂkən]
Aprikose (f)	aprikos (m)	[ɑpri'kʉs]
Himbeere (f)	bringebær (n)	['briŋə,bær]
Ananas (f)	ananas (m)	['ɑnɑnɑs]
Banane (f)	banan (m)	[bɑ'nɑn]
Wassermelone (f)	vannmelon (m)	['vɑnme,lʉn]
Weintrauben (pl)	drue (m)	['drʉə]
Sauerkirsche (f)	kirsebær (n)	['çiʂə,bær]
Süßkirsche (f)	morell (m)	[mʉ'rɛl]
Melone (f)	melon (m)	[me'lʉn]
Grapefruit (f)	grapefrukt (m/f)	['grɛjp,frʉkt]
Avocado (f)	avokado (m)	[ɑvɔ'kɑdɔ]
Papaya (f)	papaya (m)	[pɑ'pɑjɑ]

Mango (f)	mango (m)	['maŋu]
Granatapfel (m)	granateple (n)	[grɑ'nɑt‚ɛplə]
rote Johannisbeere (f)	rips (m)	['rips]
schwarze Johannisbeere (f)	solbær (n)	['sʉl‚bær]
Stachelbeere (f)	stikkelsbær (n)	['stikəls‚bær]
Heidelbeere (f)	blåbær (n)	['blɔ‚bær]
Brombeere (f)	bjørnebær (m)	['bjœːɳə‚bær]
Rosinen (pl)	rosin (m)	[rʉ'sin]
Feige (f)	fiken (m)	['fikən]
Dattel (f)	daddel (m)	['dɑdəl]
Erdnuss (f)	jordnøtt (m)	['juːr‚nœt]
Mandel (f)	mandel (m)	['mɑndəl]
Walnuss (f)	valnøtt (m/f)	['vɑl‚nœt]
Haselnuss (f)	hasselnøtt (m/f)	['hɑsəl‚nœt]
Kokosnuss (f)	kokosnøtt (m/f)	['kukus‚nœt]
Pistazien (pl)	pistasier (m pl)	[pi'stɑsiər]

39. Brot. Süßigkeiten

Konditorwaren (pl)	bakevarer (m/f pl)	['bɑkə‚vɑrər]
Brot (n)	brød (n)	['brø]
Keks (m, n)	kjeks (m)	['çɛks]
Schokolade (f)	sjokolade (m)	[ʂukuˈlɑdə]
Schokoladen-Bonbon (m, n)	sjokolade-sukkertøy (n), karamell (m)	[ʂukuˈlɑdə-], ['sʉkəːtøj], [kɑrɑ'mɛl]
Kuchen (m)	kake (m/f)	['kɑkə]
Torte (f)	bløtkake (m/f)	['bløt‚kɑkə]
Kuchen (Apfel-)	pai (m)	['pɑj]
Füllung (f)	fyll (m/n)	['fʏl]
Konfitüre (f)	syltetøy (n)	['syltə‚tøj]
Marmelade (f)	marmelade (m)	[mɑrme'lɑdə]
Waffeln (pl)	vaffel (m)	['vɑfəl]
Eis (n)	iskrem (m)	['iskrɛm]
Pudding (m)	pudding (m)	['pʉdiŋ]

40. Gerichte

Gericht (n)	rett (m)	['rɛt]
Küche (f)	kjøkken (n)	['çœkən]
Rezept (n)	oppskrift (m)	['ɔp‚skrift]
Portion (f)	porsjon (m)	[pɔ'ʂun]
Salat (m)	salat (m)	[sɑ'lɑt]
Suppe (f)	suppe (m/f)	['sʉpə]
Brühe (f), Bouillon (f)	buljong (m)	[bu'ljɔŋ]
belegtes Brot (n)	smørbrød (n)	['smør‚brø]

Spiegelei (n)	speilegg (n)	['spæjl,ɛg]
Hamburger (m)	hamburger (m)	['hamburgər]
Beefsteak (n)	biff (m)	['bif]

Beilage (f)	tilbehør (n)	['tilbə,hør]
Spaghetti (pl)	spagetti (m)	[spa'gɛti]
Kartoffelpüree (n)	potetmos (m)	[pʉ'tet,mʉs]
Pizza (f)	pizza (m)	['pitsa]
Brei (m)	grøt (m)	['grøt]
Omelett (n)	omelett (m)	[ɔmə'let]

gekocht	kokt	['kʉkt]
geräuchert	røkt	['røkt]
gebraten	stekt	['stɛkt]
getrocknet	tørket	['tœrkət]
tiefgekühlt	frossen, dypfryst	['frɔsən], ['dyp,frʏst]
mariniert	syltet	['sʏltət]

süß	søt	['søt]
salzig	salt	['salt]
kalt	kald	['kal]
heiß	het, varm	['het], ['varm]
bitter	bitter	['bitər]
lecker	lekker	['lekər]

kochen (vt)	å koke	[ɔ 'kʉkə]
zubereiten (vt)	å lage	[ɔ 'lagə]
braten (vt)	å steke	[ɔ 'stekə]
aufwärmen (vt)	å varme opp	[ɔ 'varmə ɔp]

salzen (vt)	å salte	[ɔ 'saltə]
pfeffern (vt)	å pepre	[ɔ 'pɛprə]
reiben (vt)	å rive	[ɔ 'rivə]
Schale (f)	skall (n)	['skal]
schälen (vt)	å skrelle	[ɔ 'skrɛlə]

41. Gewürze

Salz (n)	salt (n)	['salt]
salzig (Adj)	salt	['salt]
salzen (vt)	å salte	[ɔ 'saltə]

schwarzer Pfeffer (m)	svart pepper (m)	['svaːt̪ 'pɛpər]
roter Pfeffer (m)	rød pepper (m)	['rø 'pɛpər]
Senf (m)	sennep (m)	['sɛnəp]
Meerrettich (m)	pepperrot (m/f)	['pɛpər,rʉt]

Gewürz (n)	krydder (n)	['krʏdər]
Gewürz (n)	krydder (n)	['krʏdər]
Soße (f)	saus (m)	['saʉs]
Essig (m)	eddik (m)	['ɛdik]

Anis (m)	anis (m)	['anis]
Basilikum (n)	basilik (m)	[basi'lik]

Nelke (f)	nellik (m)	['nɛlik]
Ingwer (m)	ingefær (m)	['iŋə,fær]
Koriander (m)	koriander (m)	[kʊri'andər]
Zimt (m)	kanel (m)	[ka'nel]
Sesam (m)	sesam (m)	['sesam]
Lorbeerblatt (n)	laurbærblad (n)	['laʊrbær,bla]
Paprika (m)	paprika (m)	['paprika]
Kümmel (m)	karve, kummin (m)	['karvə], ['kʉmin]
Safran (m)	safran (m)	[sa'fran]

42. Mahlzeiten

Essen (n)	mat (m)	['mat]
essen (vi, vt)	å spise	[ɔ 'spisə]
Frühstück (n)	frokost (m)	['frʊkɔst]
frühstücken (vi)	å spise frokost	[ɔ 'spisə ,frʊkɔst]
Mittagessen (n)	lunsj, lunch (m)	['lʉnʂ]
zu Mittag essen	å spise lunsj	[ɔ 'spisə ,lʉnʂ]
Abendessen (n)	middag (m)	['mi,da]
zu Abend essen	å spise middag	[ɔ 'spisə 'mi,da]
Appetit (m)	appetitt (m)	[ape'tit]
Guten Appetit!	God appetitt!	['gʊ ape'tit]
öffnen (vt)	å åpne	[ɔ 'ɔpnə]
verschütten (vt)	å spille	[ɔ 'spilə]
verschüttet werden	å bli spilt	[ɔ 'bli 'spilt]
kochen (vi)	å koke	[ɔ 'kʊkə]
kochen (Wasser ~)	å koke	[ɔ 'kʊkə]
gekocht (Adj)	kokt	['kʊkt]
kühlen (vt)	å svalne	[ɔ 'svalnə]
abkühlen (vi)	å avkjøles	[ɔ 'av,çœləs]
Geschmack (m)	smak (m)	['smak]
Beigeschmack (m)	bismak (m)	['bismak]
auf Diät sein	å være på diet	[ɔ 'værə pɔ di'et]
Diät (f)	diett (m)	[di'et]
Vitamin (n)	vitamin (n)	[vita'min]
Kalorie (f)	kalori (m)	[kalʊ'ri]
Vegetarier (m)	vegetarianer (m)	[vegetari'anər]
vegetarisch (Adj)	vegetarisk	[vege'tarisk]
Fett (n)	fett (n)	['fɛt]
Protein (n)	proteiner (n pl)	[prɔte'inər]
Kohlenhydrat (n)	kullhydrater (n pl)	['kʉlhy,dratər]
Scheibchen (n)	skive (m/f)	['ʂivə]
Stück (ein ~ Kuchen)	stykke (n)	['stykə]
Krümel (m)	smule (m)	['smʉlə]

43. Gedeck

Löffel (m)	skje (m)	['ʂe]
Messer (n)	kniv (m)	['kniv]
Gabel (f)	gaffel (m)	['gafəl]
Tasse (eine ~ Tee)	kopp (m)	['kɔp]
Teller (m)	tallerken (m)	[tɑ'lærkən]
Untertasse (f)	tefat (n)	['te͵fɑt]
Serviette (f)	serviett (m)	[sɛrvi'ɛt]
Zahnstocher (m)	tannpirker (m)	['tɑn͵pirkər]

44. Restaurant

Restaurant (n)	restaurant (m)	[rɛstʊ'rɑŋ]
Kaffeehaus (n)	kafé, kaffebar (m)	[kɑ'fe], ['kɑfə͵bɑr]
Bar (f)	bar (m)	['bɑr]
Teesalon (m)	tesalong (m)	['tesɑ͵lɔŋ]
Kellner (m)	servitør (m)	['særvi'tør]
Kellnerin (f)	servitrise (m/f)	[særvi'trisə]
Barmixer (m)	bartender (m)	['bɑː͵tɛndər]
Speisekarte (f)	meny (m)	[me'ny]
Weinkarte (f)	vinkart (n)	['vin͵kɑːt]
einen Tisch reservieren	å reservere bord	[ɔ resɛr'verə 'bʊr]
Gericht (n)	rett (m)	['rɛt]
bestellen (vt)	å bestille	[ɔ be'stilə]
eine Bestellung aufgeben	å bestille	[ɔ be'stilə]
Aperitif (m)	aperitiff (m)	[ɑperi'tif]
Vorspeise (f)	forrett (m)	['fɔrɛt]
Nachtisch (m)	dessert (m)	[de'sɛːr]
Rechnung (f)	regning (m/f)	['rɛjniŋ]
Rechnung bezahlen	å betale regningen	[ɔ be'tɑlə 'rɛjniŋən]
das Wechselgeld geben	å gi tilbake veksel	[ɔ ji til'bɑke 'vɛksəl]
Trinkgeld (n)	driks (m)	['driks]

Familie, Verwandte und Freunde

45. Persönliche Informationen. Formulare

Vorname (m)	navn (n)	['nɑvn]
Name (m)	etternavn (n)	['ɛtəˌnɑvn]
Geburtsdatum (n)	fødselsdato (m)	['føtsəlsˌdɑtʉ]
Geburtsort (m)	fødested (n)	['fødəˌsted]
Nationalität (f)	nasjonalitet (m)	[nɑʂʉnɑli'tet]
Wohnort (m)	bosted (n)	['bʉˌsted]
Land (n)	land (n)	['lɑn]
Beruf (m)	yrke (n), profesjon (m)	['yrkə], [prʉfe'ʂʉn]
Geschlecht (n)	kjønn (n)	['çœn]
Größe (f)	høyde (m)	['højdə]
Gewicht (n)	vekt (m)	['vɛkt]

46. Familienmitglieder. Verwandte

Mutter (f)	mor (m/f)	['mʉr]
Vater (m)	far (m)	['fɑr]
Sohn (m)	sønn (m)	['sœn]
Tochter (f)	datter (m/f)	['dɑtər]
jüngste Tochter (f)	yngste datter (m/f)	['yŋstə 'dɑtər]
jüngste Sohn (m)	yngste sønn (m)	['yŋstə 'sœn]
ältere Tochter (f)	eldste datter (m/f)	['ɛlstə 'dɑtər]
älterer Sohn (m)	eldste sønn (m)	['ɛlstə 'sœn]
Bruder (m)	bror (m)	['brʉr]
älterer Bruder (m)	eldre bror (m)	['ɛldrəˌbrʉr]
jüngerer Bruder (m)	lillebror (m)	['liləˌbrʉr]
Schwester (f)	søster (m/f)	['søstər]
ältere Schwester (f)	eldre søster (m/f)	['ɛldrəˌsøstər]
jüngere Schwester (f)	lillesøster (m/f)	['liləˌsøstər]
Cousin (m)	fetter (m/f)	['fɛtər]
Cousine (f)	kusine (m)	[kʉ'sinə]
Mama (f)	mamma (m)	['mɑmɑ]
Papa (m)	pappa (m)	['pɑpɑ]
Eltern (pl)	foreldre (pl)	[fɔr'ɛldrə]
Kind (n)	barn (n)	['bɑːn̩]
Kinder (pl)	barn (n pl)	['bɑːn̩]
Großmutter (f)	bestemor (m)	['bɛstəˌmʉr]
Großvater (m)	bestefar (m)	['bɛstəˌfɑr]
Enkel (m)	barnebarn (n)	['bɑːnəˌbɑːn̩]

| Enkelin (f) | barnebarn (n) | ['bɑːŋəˌbɑːn̩] |
| Enkelkinder (pl) | barnebarn (n pl) | ['bɑːŋəˌbɑːn̩] |

Onkel (m)	onkel (m)	['ʊnkəl]
Tante (f)	tante (m/f)	['tɑntə]
Neffe (m)	nevø (m)	[ne'vø]
Nichte (f)	niese (m/f)	[ni'esə]

Schwiegermutter (f)	svigermor (m/f)	['sviɡərˌmʊr]
Schwiegervater (m)	svigerfar (m)	['sviɡərˌfɑr]
Schwiegersohn (m)	svigersønn (m)	['sviɡərˌsœn]
Stiefmutter (f)	stemor (m/f)	['steˌmʊr]
Stiefvater (m)	stefar (m)	['steˌfɑr]

Säugling (m)	brystbarn (n)	['brystˌbɑːn̩]
Kleinkind (n)	spedbarn (n)	['speˌbɑːn̩]
Kleine (m)	lite barn (n)	['litə 'bɑːn̩]

Frau (f)	kone (m/f)	['kʊnə]
Mann (m)	mann (m)	['mɑn]
Ehemann (m)	ektemann (m)	['ɛktəˌmɑn]
Gemahlin (f)	hustru (m)	['hʊstrʉ]

verheiratet (Ehemann)	gift	['jift]
verheiratet (Ehefrau)	gift	['jift]
ledig	ugift	[ʉː'jift]
Junggeselle (m)	ungkar (m)	['ʉŋˌkɑr]
geschieden (Adj)	fraskilt	['frɑˌʂilt]
Witwe (f)	enke (m)	['ɛnkə]
Witwer (m)	enkemann (m)	['ɛnkəˌmɑn]

Verwandte (m)	slektning (m)	['ʂlektniŋ]
naher Verwandter (m)	nær slektning (m)	['nær 'ʂlektniŋ]
entfernter Verwandter (m)	fjern slektning (m)	['fjæːn̩ 'ʂlektniŋ]
Verwandte (pl)	slektninger (m pl)	['ʂlektniŋər]

Waise (m, f)	foreldreløst barn (n)	[fɔr'ɛldrəløst ˌbɑːn̩]
Vormund (m)	formynder (m)	['fɔrˌmʏnər]
adoptieren (einen Jungen)	å adoptere	[ɔ ɑdɔp'terə]
adoptieren (ein Mädchen)	å adoptere	[ɔ ɑdɔp'terə]

Medizin

47. Krankheiten

Krankheit (f)	sykdom (m)	['sʏk‚dɔm]
krank sein	å være syk	[ɔ 'væːrə 'syk]
Gesundheit (f)	helse (m/f)	['hɛlsə]
Schnupfen (m)	snue (m)	['snʉə]
Angina (f)	angina (m)	[an'gina]
Erkältung (f)	forkjølelse (m)	[fɔr'çœləlsə]
sich erkälten	å forkjøle seg	[ɔ fɔr'çœlə sæj]
Bronchitis (f)	bronkitt (m)	[brɔn'kit]
Lungenentzündung (f)	lungebetennelse (m)	['lʉŋə be'tɛnəlsə]
Grippe (f)	influensa (m)	[inflʉ'ɛnsa]
kurzsichtig	nærsynt	['næ‚sʏnt]
weitsichtig	langsynt	['laŋsʏnt]
Schielen (n)	skjeløydhet (m)	['ʂɛløjd‚het]
schielend (Adj)	skjeløyd	['ʂɛl‚øjd]
grauer Star (m)	grå stær, katarakt (m)	['grɔ ‚stær], [kata'rakt]
Glaukom (n)	glaukom (n)	[glaʉ'kɔm]
Schlaganfall (m)	hjerneslag (n)	['jæːnə‚slag]
Infarkt (m)	infarkt (n)	[in'farkt]
Herzinfarkt (m)	myokardieinfarkt (n)	['miɔ'kardiə in'farkt]
Lähmung (f)	paralyse, lammelse (m)	['para'lyse], ['laməlsə]
lähmen (vt)	å lamme	[ɔ 'lamə]
Allergie (f)	allergi (m)	[alæː'gi]
Asthma (n)	astma (m)	['astma]
Diabetes (m)	diabetes (m)	[dia'betəs]
Zahnschmerz (m)	tannpine (m/f)	['tan‚pinə]
Karies (f)	karies (m)	['karies]
Durchfall (m)	diaré (m)	[dia'rɛ]
Verstopfung (f)	forstoppelse (m)	[fɔ'ʂtɔpəlsə]
Magenverstimmung (f)	magebesvær (m)	['magə‚be'svær]
Vergiftung (f)	matforgiftning (m/f)	['mat‚fɔr'jiftniŋ]
Vergiftung bekommen	å få matforgiftning	[ɔ 'fɔ mat‚fɔr'jiftniŋ]
Arthritis (f)	artritt (m)	[aː't'rit]
Rachitis (f)	rakitt (m)	[ra'kit]
Rheumatismus (m)	revmatisme (m)	[revma'tismə]
Atherosklerose (f)	arteriosklerose (m)	[aː'ṭeriʉskle‚rʉsə]
Gastritis (f)	magekatarr, gastritt (m)	['magəka‚tar], [‚ga'strit]
Blinddarmentzündung (f)	appendisitt (m)	[apɛndi'sit]

| Cholezystitis (f) | galleblærebetennelse (m) | ['galə‚blærə be'tɛnəlsə] |
| Geschwür (n) | magesår (n) | ['magə‚sɔr] |

Masern (pl)	meslinger (m pl)	['mɛs‚liŋər]
Röteln (pl)	røde hunder (m pl)	['rødə 'hʉnər]
Gelbsucht (f)	gulsott (m/f)	['gʉl‚sʊt]
Hepatitis (f)	hepatitt (m)	[hepɑ'tit]

Schizophrenie (f)	schizofreni (m)	[ṣisʊfre'ni]
Tollwut (f)	rabies (m)	['rɑbiəs]
Neurose (f)	nevrose (m)	[nev'rʉsə]
Gehirnerschütterung (f)	hjernerystelse (m)	['jæ:ṇə‚rʏstəlsə]

Krebs (m)	kreft, cancer (m)	['krɛft], ['kɑnsər]
Sklerose (f)	sklerose (m)	[skle'rʉsə]
multiple Sklerose (f)	multippel sklerose (m)	[mʉl'tipəl skle'rʉsə]

Alkoholismus (m)	alkoholisme (m)	[alkʊhʊ'lismə]
Alkoholiker (m)	alkoholiker (m)	[alkʊ'hʊlikər]
Syphilis (f)	syfilis (m)	['syfilis]
AIDS	AIDS, aids (m)	['ɛjds]

Tumor (m)	svulst, tumor (m)	['svʉlst], [tʉ'mʊr]
bösartig	ondartet, malign	['ʊn‚ɑ:ṭət], [mɑ'lign]
gutartig	godartet	['gʊ‚ɑ:ṭət]

Fieber (n)	feber (m)	['feber]
Malaria (f)	malaria (m)	[mɑ'lɑriɑ]
Gangrän (f, n)	koldbrann (m)	['kɔlbrɑn]
Seekrankheit (f)	sjøsyke (m)	['ṣø‚sykə]
Epilepsie (f)	epilepsi (m)	[ɛpilep'si]

Epidemie (f)	epidemi (m)	[ɛpide'mi]
Typhus (m)	tyfus (m)	['tyfʉs]
Tuberkulose (f)	tuberkulose (m)	[tubærkʉ'lɔsə]
Cholera (f)	kolera (m)	['kʊlerɑ]
Pest (f)	pest (m)	['pɛst]

48. Symptome. Behandlungen. Teil 1

Symptom (n)	symptom (n)	[sʏmp'tʊm]
Temperatur (f)	temperatur (m)	[tɛmpərɑ'tʉr]
Fieber (n)	høy temperatur (m)	['høj tɛmpərɑ'tʉr]
Puls (m)	puls (m)	['pʉls]

Schwindel (m)	svimmelhet (m)	['svimǝl‚het]
heiß (Stirne usw.)	varm	['vɑrm]
Schüttelfrost (m)	skjelving (m/f)	['ṣɛlviŋ]
blass (z.B. -es Gesicht)	blek	['blek]

Husten (m)	hoste (m)	['hʊstə]
husten (vi)	å hoste	[ɔ 'hʊstə]
niesen (vi)	å nyse	[ɔ 'nysə]
Ohnmacht (f)	besvimelse (m)	[bɛ'svimǝlsə]

ohnmächtig werden	å besvime	[ɔ be'svimə]
blauer Fleck (m)	blåmerke (n)	['blɔˌmærkə]
Beule (f)	bule (m)	['bʉlə]
sich stoßen	å slå seg	[ɔ 'ʂlɔ sæj]
Prellung (f)	blåmerke (n)	['blɔˌmærkə]
sich stoßen	å slå seg	[ɔ 'ʂlɔ sæj]

hinken (vi)	å halte	[ɔ 'haltə]
Verrenkung (f)	forvridning (m)	[fɔr'vridniŋ]
ausrenken (vt)	å forvri	[ɔ fɔr'vri]
Fraktur (f)	brudd (n), fraktur (m)	['brʉd], [frɑk'tʉr]
brechen (Arm usw.)	å få brudd	[ɔ 'fɔ 'brʉd]

Schnittwunde (f)	skjæresår (n)	['ʂæːrəˌsɔr]
sich schneiden	å skjære seg	[ɔ 'ʂæːrə sæj]
Blutung (f)	blødning (m/f)	['blødniŋ]

| Verbrennung (f) | brannsår (n) | ['branˌsɔr] |
| sich verbrennen | å brenne seg | [ɔ 'brɛnə sæj] |

stechen (vt)	å stikke	[ɔ 'stikə]
sich stechen	å stikke seg	[ɔ 'stikə sæj]
verletzen (vt)	å skade	[ɔ 'skɑdə]
Verletzung (f)	skade (n)	['skɑdə]
Wunde (f)	sår (n)	['sɔr]
Trauma (n)	traume (m)	['trɑʉmə]

irrereden (vi)	å snakke i villelse	[ɔ 'snɑkə i 'vilǝlsə]
stottern (vi)	å stamme	[ɔ 'stɑmə]
Sonnenstich (m)	solstikk (n)	['sʉlˌstik]

49. Symptome. Behandlungen. Teil 2

| Schmerz (m) | smerte (m) | ['smæːʈə] |
| Splitter (m) | flis (m/f) | ['flis] |

Schweiß (m)	svette (m)	['svɛtə]
schwitzen (vi)	å svette	[ɔ 'svɛtə]
Erbrechen (n)	oppkast (n)	['ɔpˌkɑst]
Krämpfe (pl)	kramper (m pl)	['krɑmpər]

schwanger	gravid	[grɑ'vid]
geboren sein	å fødes	[ɔ 'fødə]
Geburt (f)	fødsel (m)	['føtsəl]
gebären (vt)	å føde	[ɔ 'fødə]
Abtreibung (f)	abort (m)	[ɑ'bɔːt]

Atem (m)	åndedrett (n)	['ɔŋdəˌdrɛt]
Atemzug (m)	innånding (m/f)	['inˌɔniŋ]
Ausatmung (f)	utånding (m/f)	['ʉtˌɔndiŋ]
ausatmen (vt)	å puste ut	[ɔ 'pʉstə ʉt]
einatmen (vt)	å ånde inn	[ɔ 'ɔŋdə ˌin]
Invalide (m)	handikappet person (m)	['hɑndiˌkɑpət pæ'ʂʉn]
Krüppel (m)	krøpling (m)	['krøpliŋ]

Drogenabhängiger (m)	narkoman (m)	[nɑrkʉˈmɑn]
taub	døv	[ˈdøv]
stumm	stum	[ˈstʉm]
taubstumm	døvstum	[ˈdøfˌstʉm]

verrückt (Adj)	gal	[ˈgɑl]
Irre (m)	gal mann (m)	[ˈgɑl ˌmɑn]
Irre (f)	gal kvinne (m/f)	[ˈgɑl ˌkvinə]
den Verstand verlieren	å bli sinnssyk	[ɔ ˈbli ˈsinˌsyk]

Gen (n)	gen (m)	[ˈgen]
Immunität (f)	immunitet (m)	[imʉniˈtet]
erblich	arvelig	[ˈɑrvəli]
angeboren	medfødt	[ˈmeːˌføt]

Virus (m, n)	virus (m)	[ˈvirʉs]
Mikrobe (f)	mikrobe (m)	[miˈkrʉbə]
Bakterie (f)	bakterie (m)	[bɑkˈteriə]
Infektion (f)	infeksjon (m)	[infɛkˈʂʉn]

50. Symptome. Behandlungen. Teil 3

| Krankenhaus (n) | sykehus (n) | [ˈsykəˌhʉs] |
| Patient (m) | pasient (m) | [pɑsiˈɛnt] |

Diagnose (f)	diagnose (m)	[diɑˈgnʉsə]
Heilung (f)	kur (m)	[ˈkʉr]
Behandlung (f)	behandling (m/f)	[beˈhɑndliŋ]
Behandlung bekommen	å bli behandlet	[ɔ ˈbli beˈhɑndlət]
behandeln (vt)	å behandle	[ɔ beˈhɑndlə]
pflegen (Kranke)	å skjøtte	[ɔ ˈʂøtə]
Pflege (f)	sykepleie (m/f)	[ˈsykəˌplæjə]

Operation (f)	operasjon (m)	[ɔpərɑˈʂʉn]
verbinden (vt)	å forbinde	[ɔ fɔrˈbinə]
Verband (m)	forbinding (m)	[fɔrˈbiniŋ]

Impfung (f)	vaksinering (m/f)	[vɑksiˈneriŋ]
impfen (vt)	å vaksinere	[ɔ vɑksiˈnerə]
Spritze (f)	injeksjon (m), sprøyte (m/f)	[injɛkˈʂʉn], [ˈsprøjtə]
eine Spritze geben	å gi en sprøyte	[ɔ ˈji en ˈsprøjtə]

Anfall (m)	anfall (n)	[ˈɑnˌfɑl]
Amputation (f)	amputasjon (m)	[ɑmpʉtɑˈʂʉn]
amputieren (vt)	å amputere	[ɔ ɑmpʉˈterə]
Koma (n)	koma (m)	[ˈkʉmɑ]
im Koma liegen	å ligge i koma	[ɔ ˈligə i ˈkʉmɑ]
Reanimation (f)	intensivavdeling (m/f)	[ˈintenˌsiv ˈɑvˌdeliŋ]

genesen von … (vi)	å bli frisk	[ɔ ˈbli ˈfrisk]
Zustand (m)	tilstand (m)	[ˈtilˌstɑn]
Bewusstsein (n)	bevissthet (m)	[beˈvistˌhet]
Gedächtnis (n)	minne (n), hukommelse (m)	[ˈminə], [hʉˈkɔməlsə]
ziehen (einen Zahn ~)	å trekke ut	[ɔ ˈtrɛkə ʉt]

| Plombe (f) | fylling (m/f) | ['fʏliŋ] |
| plombieren (vt) | å plombere | [ɔ plʉm'berə] |

| Hypnose (f) | hypnose (m) | [hʏp'nʉsə] |
| hypnotisieren (vt) | å hypnotisere | [ɔ hʏpnʉti'serə] |

51. Ärzte

Arzt (m)	lege (m)	['legə]
Krankenschwester (f)	sykepleierske (m/f)	['sykə͵plæjeʂkə]
Privatarzt (m)	personlig lege (m)	[pæ'ʂʉnli 'legə]

Zahnarzt (m)	tannlege (m)	['tɑn͵legə]
Augenarzt (m)	øyelege (m)	['øjə͵legə]
Internist (m)	terapeut (m)	[terɑ'pɛut]
Chirurg (m)	kirurg (m)	[çi'rʉrg]

Psychiater (m)	psykiater (m)	[syki'ɑtər]
Kinderarzt (m)	barnelege (m)	['bɑːn̩ə͵legə]
Psychologe (m)	psykolog (m)	[sykʉ'lɔg]
Frauenarzt (m)	gynekolog (m)	[gynekʉ'lɔg]
Kardiologe (m)	kardiolog (m)	[kɑːdi̯ʉ'lɔg]

52. Medizin. Medikamente. Accessoires

Arznei (f)	medisin (m)	[medi'sin]
Heilmittel (n)	middel (n)	['midəl]
verschreiben (vt)	å ordinere	[ɔ ɔrdi'nerə]
Rezept (n)	resept (m)	[re'sɛpt]

Tablette (f)	tablett (m)	[tɑb'let]
Salbe (f)	salve (m/f)	['sɑlvə]
Ampulle (f)	ampulle (m)	[ɑm'pʉlə]
Mixtur (f)	mikstur (m)	[miks'tʉr]
Sirup (m)	sirup (m)	['sirʉp]
Pille (f)	pille (m/f)	['pilə]
Pulver (n)	pulver (n)	['pʉlvər]

Verband (m)	gasbind (n)	['gɑs͵bin]
Watte (f)	vatt (m/n)	['vɑt]
Jod (n)	jod (m/n)	['ʉd]

Pflaster (n)	plaster (n)	['plɑstər]
Pipette (f)	pipette (m)	[pi'pɛtə]
Thermometer (n)	termometer (n)	[tɛrmʉ'metər]
Spritze (f)	sprøyte (m/f)	['sprøjtə]

| Rollstuhl (m) | rullestol (m) | ['rʉlə͵stʉl] |
| Krücken (pl) | krykker (m/f pl) | ['krʏkər] |

| Betäubungsmittel (n) | smertestillende middel (n) | ['smæːtə͵stilenə 'midəl] |
| Abführmittel (n) | laksativ (n) | [lɑksɑ'tiv] |

Spiritus (m)	**sprit** (m)	['sprit]
Heilkraut (n)	**legeurter** (m/f pl)	['legeˌʉːtər]
Kräuter- (z.B. Kräutertee)	**urte-**	['ʉːtə-]

LEBENSRAUM DES MENSCHEN

Stadt

53. Stadt. Leben in der Stadt

Stadt (f)	**by** (m)	['by]
Hauptstadt (f)	**hovedstad** (m)	['hʉvəd‚stɑd]
Dorf (n)	**landsby** (m)	['lɑns‚by]
Stadtplan (m)	**bykart** (n)	['by‚kɑːʈ]
Stadtzentrum (n)	**sentrum** (n)	['sɛntrum]
Vorort (m)	**forstad** (m)	['fɔ‚stɑd]
Vorort-	**forstads-**	['fɔ‚stads-]
Stadtrand (m)	**utkant** (m)	['ʉt‚kɑnt]
Umgebung (f)	**omegner** (m pl)	['ɔm‚æjnər]
Stadtviertel (n)	**kvarter** (n)	[kvɑːʈer]
Wohnblock (m)	**boligkvarter** (n)	['bʉli‚kvɑːˈʈer]
Straßenverkehr (m)	**trafikk** (m)	[trɑˈfik]
Ampel (f)	**trafikklys** (n)	[trɑˈfik‚lys]
Stadtverkehr (m)	**offentlig transport** (m)	['ɔfentli transˈpɔːʈ]
Straßenkreuzung (f)	**veikryss** (n)	['væjkrʏs]
Übergang (m)	**fotgjengerovergang** (m)	['fʊtjɛŋər 'ɔvər‚gɑŋ]
Fußgängerunterführung (f)	**undergang** (m)	['ʉnər‚gɑŋ]
überqueren (vt)	**å gå over**	[ɔ 'gɔ 'ɔvər]
Fußgänger (m)	**fotgjenger** (m)	['fʊtjɛŋər]
Gehweg (m)	**fortau** (n)	['fɔːˌtɑʉ]
Brücke (f)	**bro** (m/f)	['brʉ]
Kai (m)	**kai** (m/f)	['kɑj]
Springbrunnen (m)	**fontene** (m)	['fʊntnə]
Allee (f)	**allé** (m)	[ɑˈleː]
Park (m)	**park** (m)	['pɑrk]
Boulevard (m)	**bulevard** (m)	[buleˈvɑr]
Platz (m)	**torg** (n)	['tɔr]
Avenue (f)	**aveny** (m)	[ɑveˈny]
Straße (f)	**gate** (m/f)	['gɑtə]
Gasse (f)	**sidegate** (m/f)	['sidə‚gɑtə]
Sackgasse (f)	**blindgate** (m/f)	['blin‚gɑtə]
Haus (n)	**hus** (n)	['hʉs]
Gebäude (n)	**bygning** (m/f)	['bygniŋ]
Wolkenkratzer (m)	**skyskraper** (m)	['ʂy‚skrɑpər]
Fassade (f)	**fasade** (m)	[fɑˈsɑdə]
Dach (n)	**tak** (n)	['tɑk]

Deutsch	Norwegisch	Aussprache
Fenster (n)	vindu (n)	['vindʉ]
Bogen (m)	bue (m)	['bʉːə]
Säule (f)	søyle (m)	['søjlə]
Ecke (f)	hjørne (n)	['jœːŋə]

Schaufenster (n)	utstillingsvindu (n)	['ʉt̩stiliŋs 'vindʉ]
Firmenschild (n)	skilt (n)	['ʂilt]
Anschlag (m)	plakat (m)	[plɑ'kɑt]
Werbeposter (m)	reklameplakat (m)	[rɛ'klɑmə͵plɑ'kɑt]
Werbeschild (n)	reklametavle (m/f)	[rɛ'klɑmə͵tɑvlə]

Müll (m)	søppel (m/f/n), avfall (n)	['sœpəl], ['ɑv͵fɑl]
Mülleimer (m)	søppelkasse (m/f)	['sœpəl͵kɑsə]
Abfall wegwerfen	å kaste søppel	[ɔ 'kɑstə 'sœpəl]
Mülldeponie (f)	søppelfylling (m/f), deponi (n)	['sœpəl͵fʏliŋ], [͵depɔ'ni]

Telefonzelle (f)	telefonboks (m)	[tele'fʊn͵bɔks]
Straßenlaterne (f)	lyktestolpe (m)	['lʏktə͵stɔlpə]
Bank (Park-)	benk (m)	['bɛŋk]

Polizist (m)	politi (m)	[pʊli'ti]
Polizei (f)	politi (n)	[pʊli'ti]
Bettler (m)	tigger (m)	['tigər]
Obdachlose (m)	hjemløs	['jɛm͵løs]

54. Innerstädtische Einrichtungen

Laden (m)	forretning, butikk (m)	[fɔ'rɛtniŋ], [bʉ'tik]
Apotheke (f)	apotek (n)	[ɑpʊ'tek]
Optik (f)	optikk (m)	[ɔp'tik]
Einkaufszentrum (n)	kjøpesenter (n)	['çœpə͵sɛntər]
Supermarkt (m)	supermarked (n)	['sʉpə͵mɑrket]

Bäckerei (f)	bakeri (n)	[bɑke'ri]
Bäcker (m)	baker (m)	['bɑkər]
Konditorei (f)	konditori (n)	[kʊnditɔ'ri]
Lebensmittelladen (m)	matbutikk (m)	['mɑtbʉ͵tik]
Metzgerei (f)	slakterbutikk (m)	['ʂlɑktəbʉ͵tik]

Gemüseladen (m)	grønnsaksbutikk (m)	['grœn͵sɑks bʉ'tik]
Markt (m)	marked (n)	['mɑrkəd]

Kaffeehaus (n)	kafé, kaffebar (m)	[kɑ'fe], ['kɑfə͵bɑr]
Restaurant (n)	restaurant (m)	[rɛstʊ'rɑŋ]
Bierstube (f)	pub (m)	['pʉb]
Pizzeria (f)	pizzeria (m)	[pitsə'riɑ]

Friseursalon (m)	frisørsalong (m)	[fri'sør sɑ͵lɔŋ]
Post (f)	post (m)	['pɔst]
chemische Reinigung (f)	renseri (n)	[rɛnse'ri]
Fotostudio (n)	fotostudio (n)	['fɔtɔ͵stʉdiɔ]

Schuhgeschäft (n)	skobutikk (m)	['skʊ͵bʉ'tik]
Buchhandlung (f)	bokhandel (m)	['bʊk͵hɑndəl]

Sportgeschäft (n)	idrettsbutikk (m)	['idrɛts bʉ'tik]
Kleiderreparatur (f)	reparasjon (m) av klær	[repara'ʂʉn ɑː ˌklær]
Bekleidungsverleih (m)	leie (m/f) av klær	['læjə ɑː ˌklær]
Videothek (f)	filmutleie (m/f)	['filmˌʉt'læje]
Zirkus (m)	sirkus (m/n)	['sirkʉs]
Zoo (m)	zoo, dyrepark (m)	['sʉː], [dyrə'pɑrk]
Kino (n)	kino (m)	['çinʉ]
Museum (n)	museum (n)	[mʉ'sɛum]
Bibliothek (f)	bibliotek (n)	[bibliʉ'tek]
Theater (n)	teater (n)	[te'ɑtər]
Opernhaus (n)	opera (m)	['ʉpera]
Nachtklub (m)	nattklubb (m)	['natˌklʉb]
Kasino (n)	kasino (n)	[kɑ'sinʉ]
Moschee (f)	moské (m)	[mʉ'ske]
Synagoge (f)	synagoge (m)	[synɑ'gʉgə]
Kathedrale (f)	katedral (m)	[kate'drɑl]
Tempel (m)	tempel (n)	['tɛmpəl]
Kirche (f)	kirke (m/f)	['çirkə]
Institut (n)	institutt (n)	[insti'tʉt]
Universität (f)	universitet (n)	[ʉnivæʂi'tet]
Schule (f)	skole (m/f)	['skʉlə]
Präfektur (f)	prefektur (n)	[prɛfɛk'tʉr]
Rathaus (n)	rådhus (n)	['rodˌhʉs]
Hotel (n)	hotell (n)	[hʉ'tɛl]
Bank (f)	bank (m)	['bɑnk]
Botschaft (f)	ambassade (m)	[ambɑ'sɑdə]
Reisebüro (n)	reisebyrå (n)	['ræjsə byˌro]
Informationsbüro (n)	opplysningskontor (n)	[ɔp'lysniŋs kʉn'tʉr]
Wechselstube (f)	vekslingskontor (n)	['vɛkʂliŋs kʉn'tʉr]
U-Bahn (f)	tunnelbane, T-bane (m)	['tʉnəlˌbɑnə], ['tɛːˌbɑnə]
Krankenhaus (n)	sykehus (n)	['sykəˌhʉs]
Tankstelle (f)	bensinstasjon (m)	[bɛn'sinˌstɑ'ʂʉn]
Parkplatz (m)	parkeringsplass (m)	[pɑr'keriŋsˌplɑs]

55. Schilder

Firmenschild (n)	skilt (n)	['ʂilt]
Aufschrift (f)	innskrift (m/f)	['inˌskrift]
Plakat (n)	plakat, poster (m)	['plɑˌkɑt], ['pɔstər]
Wegweiser (m)	veiviser (m)	['væjˌvisər]
Pfeil (m)	pil (m/f)	['pil]
Vorsicht (f)	advarsel (m)	['ɑdˌvɑʂəl]
Warnung (f)	varselskilt (n)	['vɑʂəlˌʂilt]
warnen (vt)	å varsle	[ɔ 'vɑʂlə]
freier Tag (m)	fridag (m)	['friˌdɑ]

Fahrplan (m)	rutetabell (m)	['rʉtəˌtɑ'bɛl]
Öffnungszeiten (pl)	åpningstider (m/f pl)	['ɔpniŋsˌtidər]
HERZLICH WILLKOMMEN!	VELKOMMEN!	['vɛlˌkɔmən]
EINGANG	INNGANG	['inˌgɑŋ]
AUSGANG	UTGANG	['ʉtˌgɑŋ]
DRÜCKEN	SKYV	['ʂyv]
ZIEHEN	TREKK	['trɛk]
GEÖFFNET	ÅPENT	['ɔpənt]
GESCHLOSSEN	STENGT	['stɛŋt]
DAMEN, FRAUEN	DAMER	['dɑmər]
HERREN, MÄNNER	HERRER	['hærər]
AUSVERKAUF	RABATT	[rɑ'bɑt]
REDUZIERT	SALG	['sɑlg]
NEU!	NYTT!	['nʏt]
GRATIS	GRATIS	['grɑtis]
ACHTUNG!	FORSIKTIG!	[fʉ'ʂiktə]
ZIMMER BELEGT	INGEN LEDIGE ROM	['iŋən 'lediə rʊm]
RESERVIERT	RESERVERT	[resɛr'vɛ:t]
VERWALTUNG	ADMINISTRASJON	[administrɑ'ʂʊn]
NUR FÜR PERSONAL	KUN FOR ANSATTE	['kʉn fɔr ɑn'sɑtə]
VORSICHT BISSIGER HUND	VOKT DEM FOR HUNDEN	['vɔkt dem fɔ 'hʉnən]
RAUCHEN VERBOTEN!	RØYKING FORBUDT	['røjkiŋ fɔr'bʉt]
BITTE NICHT BERÜHREN	IKKE RØR!	['ikə 'rør]
GEFÄHRLICH	FARLIG	['fɑ:li̞]
VORSICHT!	FARE	['fɑrə]
HOCHSPANNUNG	HØYSPENNING	['højˌspeniŋ]
BADEN VERBOTEN	BADING FORBUDT	['bɑdiŋ fɔr'bʉt]
AUßER BETRIEB	I USTAND	[i 'ʉˌstɑn]
LEICHTENTZÜNDLICH	BRANNFARLIG	['brɑnˌfɑ:li̞]
VERBOTEN	FORBUDT	[fɔr'bʉt]
DURCHGANG VERBOTEN	INGEN INNKJØRING	['iŋən 'inˌçœriŋ]
FRISCH GESTRICHEN	NYMALT	['nyˌmɑlt]

56. Innerstädtischer Transport

Bus (m)	buss (m)	['bʉs]
Straßenbahn (f)	trikk (m)	['trik]
Obus (m)	trolleybuss (m)	['trɔliˌbʉs]
Linie (f)	rute (m/f)	['rʉtə]
Nummer (f)	nummer (n)	['nʉmər]
mit ... fahren	å kjøre med ...	[ɔ 'çœ:rə me ...]
einsteigen (vi)	å gå på ...	[ɔ 'gɔ pɔ ...]
aussteigen (aus dem Bus)	å gå av ...	[ɔ 'gɔ ɑ: ...]

Haltestelle (f)	holdeplass (m)	['hɔlə‚plas]
nächste Haltestelle (f)	neste holdeplass (m)	['nɛstə 'hɔlə‚plas]
Endhaltestelle (f)	endestasjon (m)	['ɛnə‚sta'ʂʊn]
Fahrplan (m)	rutetabell (m)	['rʉtə‚ta'bɛl]
warten (vi, vt)	å vente	[ɔ 'vɛntə]
Fahrkarte (f)	billett (m)	[bi'let]
Fahrpreis (m)	billettpris (m)	[bi'let‚pris]
Kassierer (m)	kasserer (m)	[kɑ'serər]
Fahrkartenkontrolle (f)	billettkontroll (m)	[bi'let kʊn‚trɔl]
Fahrkartenkontrolleur (m)	billett inspektør (m)	[bi'let inspɛk'tør]
sich verspäten	å komme for sent	[ɔ 'kɔmə fɔ'ʂɛnt]
versäumen (Zug usw.)	å komme for sent til ...	[ɔ 'kɔmə fɔ'ʂɛnt til ...]
sich beeilen	å skynde seg	[ɔ 'ʂynə sæj]
Taxi (n)	drosje (m/f), taxi (m)	['drɔʂɛ], ['taksi]
Taxifahrer (m)	taxisjåfør (m)	['taksi ʂɔ'før]
mit dem Taxi	med taxi	[me 'taksi]
Taxistand (m)	taxiholdeplass (m)	['taksi 'hɔlə‚plas]
ein Taxi rufen	å taxi bestellen	[ɔ 'taksi be'stɛlən]
ein Taxi nehmen	å ta taxi	[ɔ 'ta ‚taksi]
Straßenverkehr (m)	trafikk (m)	[tra'fik]
Stau (m)	trafikkork (m)	[tra'fik‚kɔrk]
Hauptverkehrszeit (f)	rushtid (m/f)	['rʉʂ‚tid]
parken (vi)	å parkere	[ɔ par'kerə]
parken (vt)	å parkere	[ɔ par'kerə]
Parkplatz (m)	parkeringsplass (m)	[par'keriŋs‚plas]
U-Bahn (f)	tunnelbane, T-bane (m)	['tʉnəl‚banə], ['tɛː‚banə]
Station (f)	stasjon (m)	[sta'ʂʊn]
mit der U-Bahn fahren	å kjøre med T-bane	[ɔ 'çœːrə me 'tɛː‚banə]
Zug (m)	tog (n)	['tɔg]
Bahnhof (m)	togstasjon (m)	['tɔg‚sta'ʂʊn]

57. Sehenswürdigkeiten

Denkmal (n)	monument (n)	[mɔnʉ'mɛnt]
Festung (f)	festning (m/f)	['fɛstniŋ]
Palast (m)	palass (n)	[pa'las]
Schloss (n)	borg (m)	['bɔrg]
Turm (m)	tårn (n)	['tɔːn]
Mausoleum (n)	mausoleum (n)	[mausʉ'leum]
Architektur (f)	arkitektur (m)	[arkitɛk'tʉr]
mittelalterlich	middelalderlig	['midəl‚aldɛːli]
alt (antik)	gammel	['gaməl]
national	nasjonal	[naʂʉ'nal]
berühmt	kjent	['çɛnt]
Tourist (m)	turist (m)	[tʉ'rist]
Fremdenführer (m)	guide (m)	['gajd]

Ausflug (m)	utflukt (m/f)	['ʉtˌflʉkt]
zeigen (vt)	å vise	[ɔ 'visə]
erzählen (vt)	å fortelle	[ɔ fɔːˈtɛlə]

finden (vt)	å finne	[ɔ 'finə]
sich verlieren	å gå seg bort	[ɔ 'gɔ sæj 'buːt]
Karte (U-Bahn ~)	kart, linjekart (n)	['kɑːt], ['linjəˈkɑːt]
Karte (Stadt-)	kart (n)	['kɑːt]

Souvenir (n)	suvenir (m)	[sʉve'nir]
Souvenirladen (m)	suvenirbutikk (m)	[sʉve'nir bʉ'tik]
fotografieren (vt)	å fotografere	[ɔ fotɔgrɑˈferə]
sich fotografieren	å bli fotografert	[ɔ 'bli fotɔgrɑˈfɛːt]

58. Shopping

kaufen (vt)	å kjøpe	[ɔ 'çœːpə]
Einkauf (m)	innkjøp (n)	['inˌçœp]
einkaufen gehen	å gå shopping	[ɔ 'gɔ ˌʂɔpiŋ]
Einkaufen (n)	shopping (m)	['ʂɔpiŋ]

| offen sein (Laden) | å være åpen | [ɔ 'værə 'ɔpən] |
| zu sein | å være stengt | [ɔ 'værə 'stɛŋt] |

Schuhe (pl)	skotøy (n)	['skʊtøj]
Kleidung (f)	klær (n)	['klær]
Kosmetik (f)	kosmetikk (m)	[kʊsmeˈtik]
Lebensmittel (pl)	matvarer (m/f pl)	['mɑtˌvɑrər]
Geschenk (n)	gave (m/f)	['gɑvə]

| Verkäufer (m) | forselger (m) | [fɔ'ʂɛlər] |
| Verkäuferin (f) | forselger (m) | [fɔ'ʂɛlər] |

Kasse (f)	kasse (m/f)	['kɑsə]
Spiegel (m)	speil (n)	['spæjl]
Ladentisch (m)	disk (m)	['disk]
Umkleidekabine (f)	prøverom (n)	['prøvəˌrʊm]

anprobieren (vt)	å prøve	[ɔ 'prøvə]
passen (Schuhe, Kleid)	å passe	[ɔ 'pɑsə]
gefallen (vi)	å like	[ɔ 'likə]

Preis (m)	pris (m)	['pris]
Preisschild (n)	prislapp (m)	['prisˌlɑp]
kosten (vt)	å koste	[ɔ 'kɔstə]
Wie viel?	Hvor mye?	[vʊr 'mye]
Rabatt (m)	rabatt (m)	[rɑ'bɑt]

preiswert	billig	['bili]
billig	billig	['bili]
teuer	dyr	['dyr]
Das ist teuer	Det er dyrt	[de ær 'dyːt]
Verleih (m)	utleie (m/f)	['ʉtˌlæjə]
leihen, mieten (ein Auto usw.)	å leie	[ɔ 'læjə]

Kredit (m), Darlehen (n)	kreditt (m)	[krɛˈdit]
auf Kredit	på kreditt	[pɔ krɛˈdit]

59. Geld

Geld (n)	penger (m pl)	[ˈpɛŋər]
Austausch (m)	veksling (m/f)	[ˈvɛkʂliŋ]
Kurs (m)	kurs (m)	[ˈkʉʂ]
Geldautomat (m)	minibank (m)	[ˈminiˌbɑnk]
Münze (f)	mynt (m)	[ˈmʏnt]
Dollar (m)	dollar (m)	[ˈdɔlɑr]
Euro (m)	euro (m)	[ˈɛʉrʉ]
Lira (f)	lira (m)	[ˈlirə]
Mark (f)	mark (m/f)	[ˈmɑrk]
Franken (m)	franc (m)	[ˈfrɑn]
Pfund Sterling (n)	pund sterling (m)	[ˈpʉn stɛːˈliŋ]
Yen (m)	yen (m)	[ˈjɛn]
Schulden (pl)	skyld (m/f), gjeld (m)	[ˈʂyl], [ˈjɛl]
Schuldner (m)	skyldner (m)	[ˈʂylnər]
leihen (vt)	å låne ut	[ɔ ˈloːnə ʉt]
leihen, borgen (Geld usw.)	å låne	[ɔ ˈloːnə]
Bank (f)	bank (m)	[ˈbɑnk]
Konto (n)	konto (m)	[ˈkɔntʉ]
einzahlen (vt)	å sette inn	[ɔ ˈsɛtə in]
auf ein Konto einzahlen	å sette inn på kontoen	[ɔ ˈsɛtə in pɔ ˈkɔntʉən]
abheben (vt)	å ta ut fra kontoen	[ɔ ˈtɑ ʉt frɑ ˈkɔntʉən]
Kreditkarte (f)	kredittkort (n)	[krɛˈditˌkɔːt]
Bargeld (n)	kontanter (m pl)	[kʉnˈtɑntər]
Scheck (m)	sjekk (m)	[ˈʂɛk]
einen Scheck schreiben	å skrive en sjekk	[ɔ ˈskrivə en ˈʂɛk]
Scheckbuch (n)	sjekkbok (m/f)	[ˈʂɛkˌbʉk]
Geldtasche (f)	lommebok (m)	[ˈlʉməˌbʉk]
Geldbeutel (m)	pung (m)	[ˈpʉŋ]
Safe (m)	safe, seif (m)	[ˈsɛjf]
Erbe (m)	arving (m)	[ˈɑrviŋ]
Erbschaft (f)	arv (m)	[ˈɑrv]
Vermögen (n)	formue (m)	[ˈfɔrˌmʉə]
Pacht (f)	leie (m)	[ˈlæje]
Miete (f)	husleie (m/f)	[ˈhʉsˌlæje]
mieten (vt)	å leie	[ɔ ˈlæjə]
Preis (m)	pris (m)	[ˈpris]
Kosten (pl)	kostnad (m)	[ˈkɔstnɑd]
Summe (f)	sum (m)	[ˈsʉm]
ausgeben (vt)	å bruke	[ɔ ˈbrʉkə]
Ausgaben (pl)	utgifter (m/f pl)	[ˈʉtˌjiftər]

sparen (vt)	å spare	[ɔ 'spɑrə]
sparsam	sparsom	['spɑʂɔm]
zahlen (vt)	å betale	[ɔ be'tɑlə]
Lohn (m)	betaling (m/f)	[be'tɑliŋ]
Wechselgeld (n)	vekslepenger (pl)	['vɛkʂlə.pɛŋər]
Steuer (f)	skatt (m)	['skɑt]
Geldstrafe (f)	bot (m/f)	['bʊt]
bestrafen (vt)	å bøtelegge	[ɔ 'bøtə‚legə]

60. Post. Postdienst

Post (Postamt)	post (m)	['pɔst]
Post (Postsendungen)	post (m)	['pɔst]
Briefträger (m)	postbud (n)	['pɔst‚bʉd]
Öffnungszeiten (pl)	åpningstider (m/f pl)	['ɔpniŋs‚tidər]
Brief (m)	brev (n)	['brev]
Einschreibebrief (m)	rekommandert brev (n)	[rekʊmɑn'dɛːt ‚brev]
Postkarte (f)	postkort (n)	['pɔst‚kɔːt]
Telegramm (n)	telegram (n)	[tele'grɑm]
Postpaket (n)	postpakke (m/f)	['pɔst‚pɑkə]
Geldanweisung (f)	pengeoverføring (m/f)	['pɛŋə 'ɔvər‚føriŋ]
bekommen (vt)	å motta	[ɔ 'mɔtɑ]
abschicken (vt)	å sende	[ɔ 'sɛnə]
Absendung (f)	avsending (m)	['ɑf‚sɛniŋ]
Postanschrift (f)	adresse (m)	[ɑ'drɛsə]
Postleitzahl (f)	postnummer (n)	['pɔst‚nʉmər]
Absender (m)	avsender (m)	['ɑf‚sɛnər]
Empfänger (m)	mottaker (m)	['mɔt‚tɑkər]
Vorname (m)	fornavn (n)	['fɔr‚nɑvn]
Nachname (m)	etternavn (n)	['ɛtə‚nɑvn]
Tarif (m)	tariff (m)	[tɑ'rif]
Standard- (Tarif)	vanlig	['vɑnli]
Spar- (-tarif)	økonomisk	[økʊ'nɔmisk]
Gewicht (n)	vekt (m)	['vɛkt]
abwiegen (vt)	å veie	[ɔ 'væjə]
Briefumschlag (m)	konvolutt (m)	[kʊnvʊ'lʉt]
Briefmarke (f)	frimerke (n)	['fri‚mærkə]
Briefmarke aufkleben	å sette på frimerke	[ɔ 'sɛtə pɔ 'fri‚mærkə]

Wohnung. Haus. Zuhause

61. Haus. Elektrizität

Elektrizität (f)	elektrisitet (m)	[ɛlektrisi'tet]
Glühbirne (f)	lyspære (m/f)	['lys‚pærə]
Schalter (m)	strømbryter (m)	['strøm‚brytər]
Sicherung (f)	sikring (m)	['sikriŋ]
Draht (m)	ledning (m)	['ledniŋ]
Leitung (f)	ledningsnett (n)	['ledniŋs‚nɛt]
Stromzähler (m)	elmåler (m)	['ɛl‚molər]
Zählerstand (m)	avlesninger (m/f pl)	['av‚lesniŋər]

62. Villa. Schloss

Landhaus (n)	fritidshus (n)	['fritids‚hʉs]
Villa (f)	villa (m)	['vilɑ]
Flügel (m)	fløy (m)	['fløj]
Garten (m)	hage (m)	['hɑgə]
Park (m)	park (m)	['pɑrk]
Orangerie (f)	drivhus (n)	['driv‚hʉs]
pflegen (Garten usw.)	å ta vare	[ɔ 'tɑ ‚vɑrə]
Schwimmbad (n)	svømmebasseng (n)	['svœmə‚bɑ'sɛŋ]
Kraftraum (m)	gym (m)	['dʒym]
Tennisplatz (m)	tennisbane (m)	['tɛnis‚bɑnə]
Heimkinoraum (m)	hjemmekino (m)	['jɛmə‚çinʉ]
Garage (f)	garasje (m)	[gɑ'rɑʂə]
Privateigentum (n)	privateiendom (m)	[pri'vɑt 'æjəndɔm]
Privatgrundstück (n)	privat terreng (n)	[pri'vɑt tɛ'rɛŋ]
Warnung (f)	advarsel (m)	['ɑd‚vɑʂəl]
Warnschild (n)	varselskilt (n)	['vɑʂəl‚ʂilt]
Bewachung (f)	sikkerhet (m/f)	['sikər‚het]
Wächter (m)	sikkerhetsvakt (m/f)	['sikərhɛts‚vɑkt]
Alarmanlage (f)	tyverialarm (m)	[tyve'ri ɑ'lɑrm]

63. Wohnung

Wohnung (f)	leilighet (m/f)	['læjli‚het]
Zimmer (n)	rom (n)	['rʊm]
Schlafzimmer (n)	soverom (n)	['sɔvə‚rʊm]

Esszimmer (n)	spisestue (m/f)	['spisə‚stʉə]
Wohnzimmer (n)	dagligstue (m/f)	['dagli‚stʉə]
Arbeitszimmer (n)	arbeidsrom (n)	['arbæjds‚rʊm]
Vorzimmer (n)	entré (m)	[aŋ'trɛː]
Badezimmer (n)	bad, baderom (n)	['bad], ['badə‚rʊm]
Toilette (f)	toalett, WC (n)	[tʊa'let], [vɛ'sɛ]
Decke (f)	tak (n)	['tak]
Fußboden (m)	gulv (n)	['gʉlv]
Ecke (f)	hjørne (n)	['jœːɳə]

64. Möbel. Innenausstattung

Möbel (n)	møbler (n pl)	['møblər]
Tisch (m)	bord (n)	['bʊr]
Stuhl (m)	stol (m)	['stʊl]
Bett (n)	seng (m/f)	['sɛŋ]
Sofa (n)	sofa (m)	['sʊfa]
Sessel (m)	lenestol (m)	['lenə‚stʊl]
Bücherschrank (m)	bokskap (n)	['bʊk‚skap]
Regal (n)	hylle (m/f)	['hylə]
Schrank (m)	klesskap (n)	['kle‚skap]
Hakenleiste (f)	knaggbrett (n)	['knag‚brɛt]
Kleiderständer (m)	stumtjener (m)	['stʉm‚tjenər]
Kommode (f)	kommode (m)	[kʊ'mʊdə]
Couchtisch (m)	kaffebord (n)	['kafə‚bʊr]
Spiegel (m)	speil (n)	['spæjl]
Teppich (m)	teppe (n)	['tɛpə]
Matte (kleiner Teppich)	lite teppe (n)	['litə 'tɛpə]
Kamin (m)	peis (m), ildsted (n)	['pæjs], ['ilsted]
Kerze (f)	lys (n)	['lys]
Kerzenleuchter (m)	lysestake (m)	['lysə‚stakə]
Vorhänge (pl)	gardiner (m/f pl)	[gaːˈdɪnər]
Tapete (f)	tapet (n)	[ta'pet]
Jalousie (f)	persienne (m)	[pæʂi'enə]
Tischlampe (f)	bordlampe (m/f)	['bʊr‚lampə]
Leuchte (f)	vegglampe (m/f)	['vɛg‚lampə]
Stehlampe (f)	gulvlampe (m/f)	['gʉlv‚lampə]
Kronleuchter (m)	lysekrone (m/f)	['lysə‚krʊnə]
Bein (Tischbein usw.)	bein (n)	['bæjn]
Armlehne (f)	armlene (n)	['arm‚lenə]
Lehne (f)	rygg (m)	['ryg]
Schublade (f)	skuff (m)	['skʉf]

65. Bettwäsche

Bettwäsche (f)	sengetøy (n)	['sɛŋəˌtøj]
Kissen (n)	pute (m/f)	['pʉtə]
Kissenbezug (m)	putevar, putetrekk (n)	['pʉtəˌvar], ['pʉtəˌtrɛk]
Bettdecke (f)	dyne (m/f)	['dynə]
Laken (n)	laken (n)	['lakən]
Tagesdecke (f)	sengeteppe (n)	['sɛŋəˌtɛpə]

66. Küche

Küche (f)	kjøkken (n)	['çœkən]
Gas (n)	gass (m)	['gɑs]
Gasherd (m)	gasskomfyr (m)	['gɑs kɔmˌfyr]
Elektroherd (m)	elektrisk komfyr (m)	[ɛ'lektrisk kɔmˌfyr]
Backofen (m)	bakeovn (m)	['bakəˌɔvn]
Mikrowellenherd (m)	mikrobølgeovn (m)	['mikrʉˌbølgə'ɔvn]

Kühlschrank (m)	kjøleskap (n)	['çœləˌskap]
Tiefkühltruhe (f)	fryser (m)	['frysər]
Geschirrspülmaschine (f)	oppvaskmaskin (m)	['ɔpvask maˌʂin]

Fleischwolf (m)	kjøttkvern (m/f)	['çœtˌkvɛːn]
Saftpresse (f)	juicepresse (m/f)	['dʒʉsˌprɛsə]
Toaster (m)	brødrister (m)	['brøˌristər]
Mixer (m)	mikser (m)	['miksər]

Kaffeemaschine (f)	kaffetrakter (m)	['kafəˌtraktər]
Kaffeekanne (f)	kaffekanne (m/f)	['kafəˌkanə]
Kaffeemühle (f)	kaffekvern (m/f)	['kafəˌkvɛːn]

Wasserkessel (m)	tekjele (m)	['teˌçelə]
Teekanne (f)	tekanne (m/f)	['teˌkanə]
Deckel (m)	lokk (n)	['lɔk]
Teesieb (n)	tesil (m)	['teˌsil]

Löffel (m)	skje (m)	['ʂe]
Teelöffel (m)	teskje (m)	['teˌʂe]
Esslöffel (m)	spiseskje (m)	['spisəˌʂɛ]
Gabel (f)	gaffel (m)	['gafəl]
Messer (n)	kniv (m)	['kniv]

Geschirr (n)	servise (n)	[sær'visə]
Teller (m)	tallerken (m)	[tɑ'lærkən]
Untertasse (f)	tefat (n)	['teˌfat]

Schnapsglas (n)	shotglass (n)	['ʂɔtˌglɑs]
Glas (n)	glass (n)	['glɑs]
Tasse (f)	kopp (m)	['kɔp]

Zuckerdose (f)	sukkerskål (m/f)	['sʉkərˌskɔl]
Salzstreuer (m)	saltbøsse (m/f)	['saltˌbøsə]
Pfefferstreuer (m)	pepperbøsse (m/f)	['pɛpərˌbøsə]

Butterdose (f)	smørkopp (m)	['smœrˌkɔp]
Kochtopf (m)	gryte (m/f)	['grytə]
Pfanne (f)	steikepanne (m/f)	['stæjkəˌpanə]
Schöpflöffel (m)	sleiv (m/f)	['ʂlæjv]
Durchschlag (m)	dørslag (n)	['dœʂlag]
Tablett (n)	brett (n)	['brɛt]
Flasche (f)	flaske (m)	['flaskə]
Glas (Einmachglas)	glasskrukke (m/f)	['glasˌkrʉkə]
Dose (f)	boks (m)	['bɔks]
Flaschenöffner (m)	flaskeåpner (m)	['flaskəˌɔpnər]
Dosenöffner (m)	konservåpner (m)	['kʉnsəvˌɔpnər]
Korkenzieher (m)	korketrekker (m)	['kɔrkəˌtrɛkər]
Filter (n)	filter (n)	['filtər]
filtern (vt)	å filtrere	[ɔ fil'trere]
Müll (m)	søppel (m/f/n)	['sœpəl]
Mülleimer, Treteimer (m)	søppelbøtte (m/f)	['sœpəlˌbœtə]

67. Bad

Badezimmer (n)	bad, baderom (n)	['bad], ['badəˌrʉm]
Wasser (n)	vann (n)	['van]
Wasserhahn (m)	kran (m/f)	['kran]
Warmwasser (n)	varmt vann (n)	['varmt ˌvan]
Kaltwasser (n)	kaldt vann (n)	['kalt van]
Zahnpasta (f)	tannpasta (m)	['tanˌpasta]
Zähne putzen	å pusse tennene	[ɔ 'pʉsə 'tɛnənə]
Zahnbürste (f)	tannbørste (m)	['tanˌbœʂtə]
sich rasieren	å barbere seg	[ɔ bar'berə sæj]
Rasierschaum (m)	barberskum (n)	[bar'bɛˌskʉm]
Rasierer (m)	høvel (m)	['høvəl]
waschen (vt)	å vaske	[ɔ 'vaskə]
sich waschen	å vaske seg	[ɔ 'vaskə sæj]
Dusche (f)	dusj (m)	['dʉʂ]
sich duschen	å ta en dusj	[ɔ 'ta en 'dʉʂ]
Badewanne (f)	badekar (n)	['badəˌkar]
Klosettbecken (n)	toalettstol (m)	[tʉɑ'letˌstʉl]
Waschbecken (n)	vaskeservant (m)	['vaskəˌsɛr'vant]
Seife (f)	såpe (m/f)	['soːpə]
Seifenschale (f)	såpeskål (m/f)	['soːpəˌskɔl]
Schwamm (m)	svamp (m)	['svamp]
Shampoo (n)	sjampo (m)	['samˌpʉ]
Handtuch (n)	håndkle (n)	['hɔnˌkle]
Bademantel (m)	badekåpe (m/f)	['badəˌkoːpə]
Wäsche (f)	vask (m)	['vask]
Waschmaschine (f)	vaskemaskin (m)	['vaskə maˌʂin]

| waschen (vt) | å vaske tøy | [ɔ 'vaskə 'tøj] |
| Waschpulver (n) | vaskepulver (n) | ['vaskə͵pʉlvər] |

68. Haushaltsgeräte

Fernseher (m)	TV (m), TV-apparat (n)	['tɛvɛ], ['tɛvɛ apa'rat]
Tonbandgerät (n)	båndopptaker (m)	['bɔn͵ɔptakər]
Videorekorder (m)	video (m)	['videʉ]
Empfänger (m)	radio (m)	['radiʉ]
Player (m)	spiller (m)	['spilər]

Videoprojektor (m)	videoprojektor (m)	['videʉ prɔ'jɛktɔr]
Heimkino (n)	hjemmekino (m)	['jɛmə͵çinʉ]
DVD-Player (m)	DVD-spiller (m)	[deve'de ͵spilər]
Verstärker (m)	forsterker (m)	[fɔ'ʂtærkər]
Spielkonsole (f)	spillkonsoll (m)	['spil kʉn'sɔl]

Videokamera (f)	videokamera (n)	['videʉ ͵kamera]
Kamera (f)	kamera (n)	['kamera]
Digitalkamera (f)	digitalkamera (n)	[digi'tal ͵kamera]

Staubsauger (m)	støvsuger (m)	['støf͵sʉgər]
Bügeleisen (n)	strykejern (n)	['strykə͵jæːn]
Bügelbrett (n)	strykebrett (n)	['strykə͵brɛt]

Telefon (n)	telefon (m)	[tele'fʉn]
Mobiltelefon (n)	mobiltelefon (m)	[mʉ'bil tele'fʉn]
Schreibmaschine (f)	skrivemaskin (m)	['skrivə ma͵ʂin]
Nähmaschine (f)	symaskin (m)	['siːma͵ʂin]

Mikrophon (n)	mikrofon (m)	[mikrʉ'fʉn]
Kopfhörer (m)	hodetelefoner (n pl)	['hɔdətelə͵fʉnər]
Fernbedienung (f)	fjernkontroll (m)	['fjæːn̩ kʉn'trɔl]

CD (f)	CD-rom (m)	['sɛdɛ͵rʉm]
Kassette (f)	kassett (m)	[ka'sɛt]
Schallplatte (f)	plate, skive (m/f)	['platə], ['ʂive]

AKTIVITÄTEN DES MENSCHEN

Beruf. Geschäft. Teil 1

69. Büro. Arbeiten im Büro

Büro (Firmensitz)	kontor (n)	[kʊn'tʊr]
Büro (~ des Direktors)	kontor (n)	[kʊn'tʊr]
Rezeption (f)	resepsjon (m)	[resɛp'sʊn]
Sekretär (m)	sekretær (m)	[sɛkrə'tær]
Sekretärin (f)	sekretær (m)	[sɛkrə'tær]
Direktor (m)	direktør (m)	[dirɛk'tør]
Manager (m)	manager (m)	['mɛnidʒər]
Buchhalter (m)	regnskapsfører (m)	['rɛjnskaps͵fører]
Mitarbeiter (m)	ansatt (n)	['an͵sat]
Möbel (n)	møbler (n pl)	['møblər]
Tisch (m)	bord (n)	['bʊr]
Schreibtischstuhl (m)	arbeidsstol (m)	['arbæjds͵stʊl]
Rollcontainer (m)	skuffeseksjon (m)	['skʉfə͵sɛk'ʂʊn]
Kleiderständer (m)	stumtjener (m)	['stʉm͵tjenər]
Computer (m)	datamaskin (m)	['data ma͵ʂin]
Drucker (m)	skriver (m)	['skrivər]
Fax (n)	faks (m)	['faks]
Kopierer (m)	kopimaskin (m)	[kʉ'pi ma͵ʂin]
Papier (n)	papir (n)	[pa'pir]
Büromaterial (n)	kontorartikler (m pl)	[kʊn'tʊr aː'tiklər]
Mousepad (n)	musematte (m/f)	['mʉsə͵matə]
Blatt (n) Papier	ark (n)	['ark]
Ordner (m)	mappe (m/f)	['mapə]
Katalog (m)	katalog (m)	[kata'lɔg]
Adressbuch (n)	telefonkatalog (m)	[tele'fʉn kata'lɔg]
Dokumentation (f)	dokumentasjon (m)	[dokʉmɛnta'ʂʊn]
Broschüre (f)	brosjyre (m)	[brɔ'ʂyrə]
Flugblatt (n)	reklameblad (n)	[rɛ'klamə͵bla]
Muster (n)	prøve (m)	['prøvə]
Training (n)	trening (m/f)	['treniŋ]
Meeting (n)	møte (n)	['møtə]
Mittagspause (f)	lunsj pause (m)	['lʉnʂ ͵paʊsə]
eine Kopie machen	å lage en kopi	[ɔ 'lagə en kʉ'pi]
vervielfältigen (vt)	å kopiere	[ɔ kʉ'pjerə]
ein Fax bekommen	å motta faks	[ɔ 'mota ͵faks]
ein Fax senden	å sende faks	[ɔ 'sɛnə ͵faks]

anrufen (vt)	å ringe	[ɔ 'riŋə]
antworten (vi)	å svare	[ɔ 'svarə]
verbinden (vt)	å sætte over til ...	[ɔ 'sætə 'ɔvər til ...]
ausmachen (vt)	å arrangere	[ɔ araŋ'ṣerə]
demonstrieren (vt)	å demonstrere	[ɔ demɔn'strerə]
fehlen (am Arbeitsplatz ~)	å være fraværende	[ɔ 'værə 'fra‚værənə]
Abwesenheit (f)	fravær (n)	['fra‚vær]

70. Geschäftsabläufe. Teil 1

Geschäft (n) (z.B. ~ in Wolle)	bedrift, handel (m)	[be'drift], ['handəl]
Angelegenheit (f)	yrke (n)	['yrkə]
Firma (f)	firma (n)	['firma]
Gesellschaft (f)	foretak (n)	['fɔrə‚tak]
Konzern (m)	korporasjon (m)	[kʊrpʊra'ṣʊn]
Unternehmen (n)	foretak (n)	['fɔrə‚tak]
Agentur (f)	agentur (n)	[agɛn'tʉr]
Vereinbarung (f)	avtale (m)	['av‚talə]
Vertrag (m)	kontrakt (m)	[kʊn'trakt]
Geschäft (Transaktion)	avtale (m)	['av‚talə]
Auftrag (Bestellung)	bestilling (m)	[be'stiliŋ]
Bedingung (f)	vilkår (n)	['vil‚kɔ:r]
en gros (im Großen)	en gros	[ɛn 'grɔ]
Großhandels-	engros-	[ɛŋ'grɔ-]
Großhandel (m)	engroshandel (m)	[ɛŋ'grɔ‚handəl]
Einzelhandels-	detalj-	[de'talj-]
Einzelhandel (m)	detaljhandel (m)	[de'talj‚handəl]
Konkurrent (m)	konkurrent (m)	[kʊnkʉ'rɛnt]
Konkurrenz (f)	konkurranse (m)	[kʊnkʉ'ransə]
konkurrieren (vi)	å konkurrere	[ɔ kʊnkʉ'rerə]
Partner (m)	partner (m)	['pa:tnər]
Partnerschaft (f)	partnerskap (n)	['pa:tnə‚skap]
Krise (f)	krise (m/f)	['krisə]
Bankrott (m)	fallitt (m)	[fa'lit]
Bankrott machen	å gå konkurs	[ɔ 'gɔ kɔn'kʉṣ]
Schwierigkeit (f)	vanskelighet (m)	['vanskəli‚het]
Problem (n)	problem (n)	[prʊ'blem]
Katastrophe (f)	katastrofe (m)	[kata'strɔfə]
Wirtschaft (f)	økonomi (m)	[økʊnʊ'mi]
wirtschaftlich	økonomisk	[økʉ'nomisk]
Rezession (f)	økonomisk nedgang (m)	[økʉ'nɔmisk 'ned‚gaŋ]
Ziel (n)	mål (n)	['mol]
Aufgabe (f)	oppgave (m/f)	['ɔp‚gavə]
handeln (Handel treiben)	å handle	[ɔ 'handlə]
Netz (Verkaufs-)	nettverk (n)	['nɛt‚værk]

Lager (n)	lager (n)	['lagər]
Sortiment (n)	sortiment (n)	[sɔːtiˈmɛn]
führende Unternehmen (n)	leder (m)	['ledər]
groß (-e Firma)	stor	['stʊr]
Monopol (n)	monopol (n)	[mʊnʊˈpɔl]
Theorie (f)	teori (m)	[teʊˈri]
Praxis (f)	praksis (m)	['praksis]
Erfahrung (f)	erfaring (m/f)	[ærˈfariŋ]
Tendenz (f)	tendens (m)	[tɛnˈdɛns]
Entwicklung (f)	utvikling (m/f)	['ʉtˌvikliŋ]

71. Geschäftsabläufe. Teil 2

Vorteil (m)	utbytte (n), fordel (m)	['ʉtˌbʏtə], ['fɔːdel]
vorteilhaft	fordelaktig	[fɔːdelˈakti]
Delegation (f)	delegasjon (m)	[delegaˈʂʊn]
Lohn (m)	lønn (m/f)	['lœn]
korrigieren (vt)	å rette	[ɔ ˈrɛtə]
Dienstreise (f)	forretningsreise (m/f)	[fɔˈrɛtniŋsˌræjsə]
Kommission (f)	provisjon (m)	[prʊviˈʂʊn]
kontrollieren (vt)	å kontrollere	[ɔ kʊntrɔˈlerə]
Konferenz (f)	konferanse (m)	[kʊnfəˈransə]
Lizenz (f)	lisens (m)	[liˈsɛns]
zuverlässig	pålitelig	[pɔˈliteli]
Initiative (f)	initiativ (n)	[initsiɑˈtiv]
Norm (f)	norm (m)	['nɔrm]
Umstand (m)	omstendighet (m)	[ɔmˈstɛndiˌhet]
Pflicht (f)	plikt (m/f)	['plikt]
Unternehmen (n)	organisasjon (m)	[ɔrganisaˈʂʊn]
Organisation (Prozess)	organisering (m)	[ɔrganiˈseriŋ]
organisiert (Adj)	organisert	[ɔrganiˈsɛːt]
Abschaffung (f)	avlysning (m/f)	['avˌlʏsniŋ]
abschaffen (vt)	å avlyse, å annullere	[ɔ ˈavˌlʏsə], [ɔ anʉˈlerə]
Bericht (m)	rapport (m)	[raˈpɔːt]
Patent (n)	patent (n)	[paˈtɛnt]
patentieren (vt)	å patentere	[ɔ patɛnˈterə]
planen (vt)	å planlegge	[ɔ ˈplanˌlegə]
Prämie (f)	gratiale (n)	[gratsiˈaːlə]
professionell	professionel	[prʊˈfɛsiɔˌnɛl]
Prozedur (f)	prosedyre (m)	[prʊsəˈdyrə]
prüfen (Vertrag ~)	å undersøke	[ɔ ˈʉnəˌsøkə]
Berechnung (f)	beregning (m/f)	[beˈrɛjniŋ]
Ruf (m)	rykte (n)	['rʏktə]
Risiko (n)	risiko (m)	['risikʊ]
leiten (vt)	å styre, å lede	[ɔ ˈstyrə], [ɔ ˈledə]

Informationen (pl)	opplysninger (m/f pl)	['ɔpˌlʏsnɪŋər]
Eigentum (n)	eiendom (m)	['æjənˌdɔm]
Bund (m)	forbund (n)	['fɔrˌbʉn]

Lebensversicherung (f)	livsforsikring (m/f)	['lifsfɔˌsikrɪŋ]
versichern (vt)	å forsikre	[ɔ fɔ'sikrə]
Versicherung (f)	forsikring (m/f)	[fɔ'sikrɪŋ]

Auktion (f)	auksjon (m)	[aʉk'sʉn]
benachrichtigen (vt)	å underrette	[ɔ 'ʉnəˌrɛtə]
Verwaltung (f)	ledelse (m)	['ledəlsə]
Dienst (m)	tjeneste (m)	['tjenɛstə]

Forum (n)	forum (n)	['fɔrum]
funktionieren (vi)	å fungere	[ɔ fʉ'ŋerə]
Etappe (f)	etappe (m)	[e'tapə]
juristisch	juridisk	[jʉ'ridisk]
Jurist (m)	jurist (m)	[jʉ'rist]

72. Fertigung. Arbeiten

Werk (n)	verk (n)	['værk]
Fabrik (f)	fabrikk (m)	[fɑ'brik]
Werkstatt (f)	verkstad (m)	['værkˌstɑd]
Betrieb (m)	produksjonsplass (m)	[prʊdʊk'sʉns ˌplɑs]

Industrie (f)	industri (m)	[indʉ'stri]
Industrie-	industriell	[indʉstri'ɛl]
Schwerindustrie (f)	tungindustri (m)	['tʉŋ ˌindʉ'stri]
Leichtindustrie (f)	lettindustri (m)	['letˌindʉ'stri]

Produktion (f)	produksjon (m)	[prʊdʊk'sʉn]
produzieren (vt)	å produsere	[ɔ prʊdʉ'serə]
Rohstoff (m)	råstoffer (n pl)	['rɔˌstɔfər]

Vorarbeiter (m), Meister (m)	formann, bas (m)	['fɔrmɑn], ['bɑs]
Arbeitsteam (n)	arbeidslag (n)	['ɑrbæjdsˌlɑg]
Arbeiter (m)	arbeider (m)	['ɑrˌbæjdər]

Arbeitstag (m)	arbeidsdag (m)	['ɑrbæjdsˌdɑ]
Pause (f)	hvilepause (m)	['viləˌpaʉse]
Versammlung (f)	møte (n)	['møtə]
besprechen (vt)	å drøfte, å diskutere	[ɔ 'drœftə], [ɔ diskʉ'terə]

Plan (m)	plan (m)	['plɑn]
den Plan erfüllen	å oppfylle planen	[ɔ 'ɔpˌfʏlə 'plɑnən]
Arbeitsertrag (m)	produksjonsmål (n)	[prʊdʊk'sʉns ˌmɔl]
Qualität (f)	kvalitet (m)	[kvɑli'tɛt]
Prüfung, Kontrolle (f)	kontroll (m)	[kʊn'trɔl]
Gütekontrolle (f)	kvalitetskontroll (m)	[kvɑli'tɛt kʊn'trɔl]

Arbeitsplatzsicherheit (f)	arbeidervern (n)	['ɑrbæjdərˌvæːŋ]
Disziplin (f)	disiplin (m)	[disip'lin]
Übertretung (f)	brudd (n)	['brʉd]

übertreten (vt)	å bryte	[ɔ 'brytə]
Streik (m)	streik (m)	['stræjk]
Streikender (m)	streiker (m)	['stræjkər]
streiken (vi)	å streike	[ɔ 'stræjkə]
Gewerkschaft (f)	fagforening (m/f)	['fagfɔˌreniŋ]

erfinden (vt)	å oppfinne	[ɔ 'ɔpˌfinə]
Erfindung (f)	oppfinnelse (m)	['ɔpˌfinəlsə]
Erforschung (f)	forskning (m)	['fɔːʂkniŋ]
verbessern (vt)	å forbedre	[ɔ fɔr'bɛdrə]
Technologie (f)	teknologi (m)	[tɛknʊlʊ'gi]
technische Zeichnung (f)	teknisk tegning (m/f)	['tɛknisk ˌtæjniŋ]

Ladung (f)	last (m/f)	['lɑst]
Ladearbeiter (m)	lastearbeider (m)	['lɑstə'ɑrˌbæjdər]
laden (vt)	å laste	[ɔ 'lɑstə]
Beladung (f)	lasting (m/f)	['lɑstiŋ]
entladen (vt)	å lesse av	[ɔ 'lese ɑː]
Entladung (f)	avlessing (m/f)	['ɑvˌlesiŋ]

Transport (m)	transport (m)	[trɑns'pɔːt]
Transportunternehmen (n)	transportfirma (n)	[trɑns'pɔːt ˌfirmɑ]
transportieren (vt)	å transportere	[ɔ trɑnspɔː'tɛrə]

Güterwagen (m)	godsvogn (m/f)	['gʉts̩ˌvɔŋn]
Zisterne (f)	tank (m)	['tɑnk]
Lastkraftwagen (m)	lastebil (m)	['lɑstəˌbil]

Werkzeugmaschine (f)	verktøymaskin (m)	['værktøj mɑˌʂin]
Mechanismus (m)	mekanisme (m)	[mekɑ'nismə]

Industrieabfälle (pl)	industrielt avfall (n)	[indʉstri'ɛlt 'ɑvˌfɑl]
Verpacken (n)	pakning (m/f)	['pɑkniŋ]
verpacken (vt)	å pakke	[ɔ 'pɑkə]

73. Vertrag. Zustimmung

Vertrag (m), Auftrag (m)	kontrakt (m)	[kʊn'trɑkt]
Vereinbarung (f)	avtale (m)	['ɑvˌtɑle]
Anhang (m)	tillegg, bilag (n)	['tiˌleg], ['biˌlɑg]

einen Vertrag abschließen	å inngå kontrakt	[ɔ 'inˌgɔ kʊn'trɑkt]
Unterschrift (f)	underskrift (m/f)	['ʉnəˌskrift]
unterschreiben (vt)	å underskrive	[ɔ 'ʉnəˌskrivə]
Stempel (m)	stempel (n)	['stɛmpəl]

Vertragsgegenstand (m)	kontraktens gjenstand (m)	[kʊn'trɑktəns 'jɛnˌstɑn]
Punkt (m)	klausul (m)	[klɑʊ'sʉl]
Parteien (pl)	parter (m pl)	['pɑːtər]
rechtmäßige Anschrift (f)	juridisk adresse (m/f)	[jʉ'ridisk ɑ'drɛsə]

Vertrag brechen	å bryte kontrakten	[ɔ 'brytə kʊn'trɑktən]
Verpflichtung (f)	forpliktelse (m)	[fɔr'pliktəlsə]
Verantwortlichkeit (f)	ansvar (n)	['ɑnˌsvɑr]

Force majeure (f)	force majeure (m)	[ˌfɔrs maˈʒøːr]
Streit (m)	tvist (m)	[ˈtvist]
Strafsanktionen (pl)	straffeavgifter (m pl)	[ˈstrafə avˈjiftər]

74. Import & Export

Import (m)	import (m)	[imˈpɔːt]
Importeur (m)	importør (m)	[impɔːˈtør]
importieren (vt)	å importere	[ɔ impɔːˈterə]
Import-	import-	[imˈpɔːt-]

Export (m)	eksport (m)	[ɛksˈpɔːt]
Exporteur (m)	eksportør (m)	[ɛkspɔːˈtør]
exportieren (vt)	å eksportere	[ɔ ɛkspɔːˈterə]
Export-	eksport-	[ɛksˈpɔːt-]

| Waren (pl) | vare (m/f) | [ˈvarə] |
| Partie (f), Ladung (f) | parti (n) | [paːˈti] |

Gewicht (n)	vekt (m)	[ˈvɛkt]
Volumen (n)	volum (n)	[vɔˈlʉm]
Kubikmeter (m)	kubikkmeter (m)	[kʉˈbikˌmetər]

Hersteller (m)	produsent (m)	[prʊdʉˈsɛnt]
Transportunternehmen (n)	transportfirma (n)	[transˈpɔːt ˌfirma]
Container (m)	container (m)	[kɔnˈtɛjnər]

Grenze (f)	grense (m/f)	[ˈgrɛnsə]
Zollamt (n)	toll (m)	[ˈtɔl]
Zoll (m)	tollavgift (m)	[ˈtɔl avˈjift]
Zollbeamter (m)	tollbetjent (m)	[ˈtɔlbeˌtjɛnt]
Schmuggel (m)	smugling (m/f)	[ˈsmʉgliŋ]
Schmuggelware (f)	smuglergods (n)	[ˈsmʉgləˌgʊts]

75. Finanzen

Aktie (f)	aksje (m)	[ˈakʂə]
Obligation (f)	obligasjon (m)	[ɔbligaˈʂʉn]
Wechsel (m)	veksel (m)	[ˈvɛksəl]

| Börse (f) | børs (m) | [ˈbœʂ] |
| Aktienkurs (m) | aksjekurs (m) | [ˈakʂəˌkʉʂ] |

| billiger werden | å gå ned | [ɔ ˈgɔ ne] |
| teuer werden | å gå opp | [ɔ ˈgɔ ɔp] |

Anteil (m)	andel (m)	[ˈanˌdel]
Mehrheitsbeteiligung (f)	aksjemajoritet (m)	[ˈakʂəˌmajɔriˈtet]
Investitionen (pl)	investering (m/f)	[inveˈsteriŋ]
investieren (vt)	å investere	[ɔ inveˈsterə]
Prozent (n)	prosent (m)	[prʉˈsɛnt]
Zinsen (pl)	rente (m/f)	[ˈrɛntə]

Gewinn (m)	profitt (m), fortjeneste (m/f)	[prɔ'fit], [fɔ:'tjenɛstə]
gewinnbringend	profitabel	[profi'tabəl]
Steuer (f)	skatt (m)	['skɑt]

Währung (f)	valuta (m)	[vɑ'lʉtɑ]
Landes-	nasjonal	[nɑʂʉ'nɑl]
Geldumtausch (m)	veksling (m/f)	['vɛkʂliŋ]

| Buchhalter (m) | regnskapsfører (m) | ['rɛjnskɑps‚førər] |
| Buchhaltung (f) | bokføring (m/f) | ['bʉk'føriŋ] |

Bankrott (m)	fallitt (m)	[fɑ'lit]
Zusammenbruch (m)	krakk (n)	['krɑk]
Pleite (f)	ruin (m)	[rʉ'in]
pleite gehen	å ruinere seg	[ɔ rʉi'nerə sæj]
Inflation (f)	inflasjon (m)	[inflɑ'ʂʉn]
Abwertung (f)	devaluering (m)	[devɑlʉ'eriŋ]

Kapital (n)	kapital (m)	[kɑpi'tɑl]
Einkommen (n)	inntekt (m/f), innkomst (m)	['in‚tɛkt], ['in‚kɔmst]
Umsatz (m)	omsetning (m/f)	['ɔm‚sɛtniŋ]
Mittel (Reserven)	ressurser (m pl)	[re'sʉsər]
Geldmittel (pl)	pengemidler (m pl)	['pɛŋə‚midlər]
Gemeinkosten (pl)	faste utgifter (m/f pl)	['fɑstə 'ʉt‚jiftər]
reduzieren (vt)	å redusere	[ɔ redʉ'serə]

76. Marketing

Marketing (n)	markedsføring (m/f)	['mɑrkəds‚føriŋ]
Markt (m)	marked (n)	['mɑrkəd]
Marktsegment (n)	markedssegment (n)	['mɑrkəds seg'mɛnt]
Produkt (n)	produkt (n)	[prʉ'dʉkt]
Waren (pl)	vare (m/f)	['vɑrə]

Schutzmarke (f)	merkenavn (n)	['mærkə‚nɑvn]
Handelsmarke (f)	varemerke (n)	['vɑrə‚mærkə]
Firmenzeichen (n)	firmamerke (n)	['firmɑ‚mærkə]
Logo (n)	logo (m)	['lʉgʉ]

| Nachfrage (f) | etterspørsel (m) | ['ɛtə‚spœʂəl] |
| Angebot (n) | tilbud (n) | ['til‚bʉd] |

| Bedürfnis (n) | behov (n) | [be'hʉv] |
| Verbraucher (m) | forbruker (m) | [fɔr'brʉkər] |

| Analyse (f) | analyse (m) | [ɑnɑ'lysə] |
| analysieren (vt) | å analysere | [ɔ ɑnɑly'serə] |

| Positionierung (f) | posisjonering (m/f) | [pʉsiʂʉ'neriŋ] |
| positionieren (vt) | å posisjonere | [ɔ pʉsiʂʉ'nerə] |

Preis (m)	pris (m)	['pris]
Preispolitik (f)	prispolitikk (m)	['pris pʉli'tik]
Preisbildung (f)	prisdannelse (m)	['pris‚dɑnəlsə]

77. Werbung

Werbung (f)	reklame (m)	[rɛ'klamə]
werben (vt)	å reklamere	[ɔ rɛkla'merə]
Budget (n)	budsjett (n)	[bʉd'ʂɛt]
Werbeanzeige (f)	annonse (m)	[a'nɔnsə]
Fernsehwerbung (f)	TV-reklame (m)	['tɛvɛ rɛ'klamə]
Radiowerbung (f)	radioreklame (m)	['radiʉ rɛ'klamə]
Außenwerbung (f)	utendørsreklame (m)	['ʉtən‚dœʂ rɛ'klamə]
Massenmedien (pl)	massemedier (n pl)	['masə‚mediər]
Zeitschrift (f)	tidsskrift (n)	['tid‚skrift]
Image (n)	image (m)	['imidʒ]
Losung (f)	slogan (n)	['slɔgan]
Motto (n)	motto (n)	['mɔtʉ]
Kampagne (f)	kampanje (m)	[kam'panjə]
Werbekampagne (f)	reklamekampanje (m)	[rɛ'klamə kam'panjə]
Zielgruppe (f)	målgruppe (m/f)	['moːl‚grʉpə]
Visitenkarte (f)	visittkort (n)	[vi'sit‚kɔːt]
Flugblatt (n)	reklameblad (n)	[rɛ'klamə‚bla]
Broschüre (f)	brosjyre (m)	[brɔ'ʂyrə]
Faltblatt (n)	folder (m)	['fɔlər]
Informationsblatt (n)	nyhetsbrev (n)	['nyhets‚brev]
Firmenschild (n)	skilt (n)	['ʂilt]
Plakat (n)	plakat, poster (m)	['pla‚kat], ['pɔstər]
Werbeschild (n)	reklameskilt (m/f)	[rɛ'klamə‚ʂilt]

78. Bankgeschäft

Bank (f)	bank (m)	['bank]
Filiale (f)	avdeling (m)	['av‚deliŋ]
Berater (m)	konsulent (m)	[kʉnsʉ'lent]
Leiter (m)	forstander (m)	[fɔ'ʂtandər]
Konto (n)	bankkonto (m)	['bank‚kɔntʉ]
Kontonummer (f)	kontonummer (n)	['kɔntʉ‚nʉmər]
Kontokorrent (n)	sjekkonto (m)	['ʂɛk‚kɔntʉ]
Sparkonto (n)	sparekonto (m)	['sparə‚kɔntʉ]
ein Konto eröffnen	å åpne en konto	[ɔ 'ɔpnə en 'kɔntʉ]
das Konto schließen	å lukke kontoen	[ɔ 'lʉkə 'kɔntʉən]
einzahlen (vt)	å sette inn på kontoen	[ɔ 'sɛtə in pɔ 'kɔntʉən]
abheben (vt)	å ta ut fra kontoen	[ɔ 'ta ʉt fra 'kɔntʉən]
Einzahlung (f)	innskudd (n)	['in‚skʉd]
eine Einzahlung machen	å sette inn	[ɔ 'sɛtə in]
Überweisung (f)	overføring (m/f)	['ɔvər‚føriŋ]

überweisen (vt)	å overføre	[ɔ 'ɔvərˌførə]
Summe (f)	sum (m)	['sʉm]
Wieviel?	Hvor mye?	[vʊr 'mye]
Unterschrift (f)	underskrift (m/f)	['ʉnəˌskrift]
unterschreiben (vt)	å underskrive	[ɔ 'ʉnəˌskrivə]
Kreditkarte (f)	kredittkort (n)	[krɛ'ditˌkɔːt]
Code (m)	kode (m)	['kʊdə]
Kreditkartennummer (f)	kreditkortnummer (n)	[krɛ'ditˌkɔːt 'nʉmər]
Geldautomat (m)	minibank (m)	['miniˌbank]
Scheck (m)	sjekk (m)	['ʂɛk]
einen Scheck schreiben	å skrive en sjekk	[ɔ 'skrivə en 'ʂɛk]
Scheckbuch (n)	sjekkbok (m/f)	['ʂɛkˌbʊk]
Darlehen (m)	lån (n)	['lɔn]
ein Darlehen beantragen	å søke om lån	[ɔ ˌsøkə ɔm 'lɔn]
ein Darlehen aufnehmen	å få lån	[ɔ 'fɔ 'lɔn]
ein Darlehen geben	å gi lån	[ɔ 'ji 'lɔn]
Sicherheit (f)	garanti (m)	[garan'ti]

79. Telefon. Telefongespräche

Telefon (n)	telefon (m)	[tele'fʊn]
Mobiltelefon (n)	mobiltelefon (m)	[mʊ'bil tele'fʊn]
Anrufbeantworter (m)	telefonsvarer (m)	[tele'fʊnˌsvarər]
anrufen (vt)	å ringe	[ɔ 'riŋə]
Anruf (m)	telefonsamtale (m)	[tele'fʊn 'samˌtalə]
eine Nummer wählen	å slå et nummer	[ɔ 'ʂlɔ et 'nʉmər]
Hallo!	Hallo!	[ha'lʊ]
fragen (vt)	å spørre	[ɔ 'spørə]
antworten (vi)	å svare	[ɔ 'svarə]
hören (vt)	å høre	[ɔ 'hørə]
gut (~ aussehen)	godt	['gɔt]
schlecht (Adv)	dårlig	['dɔːli]
Störungen (pl)	støy (m)	['støj]
Hörer (m)	telefonrør (n)	[tele'fʊnˌrør]
den Hörer abnehmen	å ta telefonen	[ɔ 'ta tele'fʊnən]
auflegen (den Hörer ~)	å legge på røret	[ɔ 'legə pɔ 'rørə]
besetzt	opptatt	['ɔpˌtat]
läuten (vi)	å ringe	[ɔ 'riŋə]
Telefonbuch (n)	telefonkatalog (m)	[tele'fʊn kata'lɔg]
Orts-	lokal-	[lɔ'kal-]
Ortsgespräch (n)	lokalsamtale (m)	[lɔ'kal 'samˌtalə]
Auslands-	internasjonal	['intɛːnaʂʊˌnal]
Auslandsgespräch (n)	internasjonal samtale (m)	['intɛːnaʂʊˌnal 'samˌtalə]
Fern-	riks-	['riks-]
Ferngespräch (n)	rikssamtale (m)	['riks 'samˌtalə]

80. Mobiltelefon

Deutsch	Norwegisch	Aussprache
Mobiltelefon (n)	mobiltelefon (m)	[mʊ'bil tele'fʊn]
Display (n)	skjerm (m)	['ṣærm]
Knopf (m)	knapp (m)	['knɑp]
SIM-Karte (f)	SIM-kort (n)	['sim‚kɔ:t]
Batterie (f)	batteri (n)	[batɛ'ri]
leer sein (Batterie)	å bli utladet	[ɔ 'bli 'ʉt‚lɑdət]
Ladegerät (n)	lader (m)	['lɑdər]
Menü (n)	meny (m)	[me'ny]
Einstellungen (pl)	innstillinger (m/f pl)	['in‚stiliŋər]
Melodie (f)	melodi (m)	[melɔ'di]
auswählen (vt)	å velge	[ɔ 'vɛlgə]
Rechner (m)	regnemaskin (m)	['rɛjnə mɑ‚ṣin]
Anrufbeantworter (m)	telefonsvarer (m)	[tele'fʊn‚svɑrər]
Wecker (m)	vekkerklokka (m/f)	['vɛkər‚klɔkɑ]
Kontakte (pl)	kontakter (m pl)	[kʊn'tɑktər]
SMS-Nachricht (f)	SMS-beskjed (m)	[ɛsɛm'ɛs bɛ‚ṣɛ]
Teilnehmer (m)	abonnent (m)	[abɔ'nɛnt]

81. Bürobedarf

Kugelschreiber (m)	kulepenn (m)	['kʉ:lə‚pɛn]
Federhalter (m)	fyllepenn (m)	['fʏlə‚pɛn]
Bleistift (m)	blyant (m)	['bly‚ɑnt]
Faserschreiber (m)	merkepenn (m)	['mærkə‚pɛn]
Filzstift (m)	tusjpenn (m)	['tʉṣ‚pɛn]
Notizblock (m)	notatbok (m/f)	[nʊ'tɑt‚bʊk]
Terminkalender (m)	dagbok (m/f)	['dɑg‚bʊk]
Lineal (n)	linjal (m)	[li'njɑl]
Rechner (m)	regnemaskin (m)	['rɛjnə mɑ‚ṣin]
Radiergummi (m)	viskelær (n)	['viskə‚lær]
Reißzwecke (f)	tegnestift (m)	['tæjnə‚stift]
Heftklammer (f)	binders (m)	['bindɛṣ]
Klebstoff (m)	lim (n)	['lim]
Hefter (m)	stiftemaskin (m)	['stiftə mɑ‚ṣin]
Locher (m)	hullemaskin (m)	['hʉlə mɑ‚ṣin]
Bleistiftspitzer (m)	blyantspisser (m)	['blyɑnt‚spisər]

82. Geschäftsarten

Deutsch	Norwegisch	Aussprache
Buchführung (f)	bokføringstjenester (m pl)	['bʊk‚føriŋs 'tjenɛstər]
Werbung (f)	reklame (m)	[rɛ'klɑmə]

Werbeagentur (f)	reklamebyrå (n)	[rɛ'klamə by‚ro]
Klimaanlagen (pl)	klimaanlegg (n pl)	['klima'an‚leg]
Fluggesellschaft (f)	flyselskap (n)	['flysəl‚skap]
Spirituosen (pl)	alkoholholdige drikke (m pl)	[alkʉ'hʉl‚hɔldiə 'drikə]
Antiquitäten (pl)	antikviteter (m pl)	[antikvi'tetər]
Kunstgalerie (f)	kunstgalleri (n)	['kʉnst galeˈri]
Rechnungsprüfung (f)	revisjonstjenester (m pl)	[revi'ʂʉns‚tjenɛstər]
Bankwesen (n)	bankvirksomhet (m/f)	['bank‚virksɔmhet]
Bar (f)	bar (m)	['bar]
Schönheitssalon (m)	skjønnhetssalong (m)	['ʂønhɛts sa'lɔŋ]
Buchhandlung (f)	bokhandel (m)	['bʉk‚handəl]
Bierbrauerei (f)	bryggeri (n)	[brʏgeˈri]
Bürogebäude (n)	forretningssenter (n)	[fɔ'rɛtniŋs‚sɛntər]
Business-Schule (f)	handelsskole (m)	['handəls‚skʉlə]
Kasino (n)	kasino (n)	[ka'sinʉ]
Bau (m)	byggeri (m/f)	[bʏgeˈri]
Beratung (f)	konsulenttjenester (m pl)	[kʉnsu'lent ‚tjenɛstər]
Stomatologie (f)	tannklinik (m)	['tankli'nik]
Design (n)	design (m)	['desajn]
Apotheke (f)	apotek (n)	[apʉ'tek]
chemische Reinigung (f)	renseri (n)	[rɛnseˈri]
Personalagentur (f)	rekrutteringsbyrå (n)	['rekrʉ‚teriŋs by‚ro]
Finanzdienstleistungen (pl)	finansielle tjenester (m pl)	[finan'sielə ‚tjenɛstər]
Nahrungsmittel (pl)	matvarer (m/f pl)	['mat‚varər]
Bestattungsinstitut (n)	begravelsesbyrå (n)	[be'gravəlsəs by‚ro]
Möbel (n)	møbler (n pl)	['møblər]
Kleidung (f)	klær (n)	['klær]
Hotel (n)	hotell (n)	[hʉ'tɛl]
Eis (n)	iskrem (m)	['iskrɛm]
Industrie (f)	industri (m)	[indʉ'stri]
Versicherung (f)	forsikring (m/f)	[fɔ'ʂikriŋ]
Internet (n)	Internett	['intə‚nɛt]
Investitionen (pl)	investering (m/f)	[inve'steriŋ]
Juwelier (m)	juveler (m)	[jʉ'velər]
Juwelierwaren (pl)	smykker (n pl)	['smʏkər]
Wäscherei (f)	vaskeri (n)	[vaskeˈri]
Rechtsberatung (f)	juridisk rådgiver (m pl)	[jʉ'ridisk 'rɔdjivər]
Leichtindustrie (f)	lettindustri (m)	['let‚indʉ'stri]
Zeitschrift (f)	magasin, tidsskrift (n)	[maga'sin], ['tid‚skrift]
Versandhandel (m)	postordresalg (m)	['pɔst‚ɔrdrə'salg]
Medizin (f)	medisin (m)	[medi'sin]
Kino (Filmtheater)	kino (m)	['çinʉ]
Museum (n)	museum (n)	[mʉ'seum]
Nachrichtenagentur (f)	nyhetsbyrå (n)	['nyhets by‚ro]
Zeitung (f)	avis (m/f)	[a'vis]
Nachtklub (m)	nattklubb (m)	['nat‚klʉb]
Erdöl (n)	olje (m)	['ɔljə]

Kurierdienst (m)	budtjeneste (m)	[bʉd'tjenɛstə]
Pharmaindustrie (f)	legemidler (pl)	['legə'midlər]
Druckindustrie (f)	trykkeri (n)	[trʏkə'ri]
Verlag (m)	forlag (n)	['fɔːlɑg]
Rundfunk (m)	radio (m)	['rɑdiʉ]
Immobilien (pl)	fast eiendom (m)	[ˌfɑst 'æjənˌdɔm]
Restaurant (n)	restaurant (m)	[rɛstʉ'rɑŋ]
Sicherheitsagentur (f)	sikkerhetsselskap (n)	['sikərhɛts 'selˌskɑp]
Sport (m)	sport, idrett (m)	['spɔːt], ['idrɛt]
Börse (f)	børs (m)	['bœʂ]
Laden (m)	forretning, butikk (m)	[fɔ'rɛtniŋ], [bʉ'tik]
Supermarkt (m)	supermarked (n)	['sʉpəˌmɑrket]
Schwimmbad (n)	svømmebasseng (n)	['svœməˌbɑ'sɛŋ]
Atelier (n)	skredderi (n)	[skrɛde'ri]
Fernsehen (n)	televisjon (m)	['televiˌʂʉn]
Theater (n)	teater (n)	[te'ɑtər]
Handel (m)	handel (m)	['hɑndəl]
Transporte (pl)	transport (m)	[trɑns'pɔːt]
Reisen (pl)	turisme (m)	[tʉ'rismə]
Tierarzt (m)	dyrlege, veterinær (m)	['dyrˌlegə], [vetəri'nær]
Warenlager (n)	lager (n)	['lɑgər]
Müllabfuhr (f)	avfallstømming (m/f)	['ɑvfɑlsˌtømiŋ]

Arbeit. Geschäft. Teil 2

83. Show. Ausstellung

Ausstellung (f)	messe (m/f)	['mɛsə]
Handelsausstellung (f)	varemesse (m/f)	['varə‚mɛsə]
Teilnahme (f)	deltagelse (m)	['del‚tagəlsə]
teilnehmen (vi)	å delta	[ɔ 'dɛlta]
Teilnehmer (m)	deltaker (m)	['del‚takər]
Direktor (m)	direktør (m)	[dirɛk'tør]
Messeverwaltung (f)	arrangørkontor (m)	[araŋ'sør kun'tur]
Organisator (m)	arrangør (m)	[araŋ'sør]
veranstalten (vt)	å organisere	[ɔ ɔrgani'serə]
Anmeldeformular (n)	påmeldingsskjema (n)	['pɔmeliŋs‚sɛma]
ausfüllen (vt)	å utfylle	[ɔ 'ʉt‚fʏlə]
Details (pl)	detaljer (m pl)	[de'taljər]
Information (f)	informasjon (m)	[infɔrma'ʂʉn]
Preis (m)	pris (m)	['pris]
einschließlich	inklusive	['inklʉ‚sivə]
einschließen (vt)	å inkludere	[ɔ inklʉ'derə]
zahlen (vt)	å betale	[ɔ be'talə]
Anmeldegebühr (f)	registreringsavgift (m/f)	[rɛgi'strɛriŋs av'jift]
Eingang (m)	inngang (m)	['in‚gaŋ]
Pavillon (m)	paviljong (m)	[pavi'ljɔŋ]
registrieren (vt)	å registrere	[ɔ regi'strerə]
Namensschild (n)	badge (n)	['bædʒ]
Stand (m)	messestand (m)	['mɛsə‚stan]
reservieren (vt)	å reservere	[ɔ resɛr'verə]
Vitrine (f)	glassmonter (m)	['glas‚mɔntər]
Strahler (m)	lampe (m/f), spotlys (n)	['lampə], ['spɔt‚lys]
Design (n)	design (m)	['desajn]
stellen (vt)	å plassere	[ɔ pla'serə]
gelegen sein	å bli plasseret	[ɔ 'bli pla'serət]
Distributor (m)	distributør (m)	[distribʉ'tør]
Lieferant (m)	leverandør (m)	[levəran'dør]
liefern (vt)	å levere	[ɔ le'verə]
Land (n)	land (n)	['lan]
ausländisch	utenlandsk	['ʉtən‚lansk]
Produkt (n)	produkt (n)	[prʉ'dʉkt]
Assoziation (f)	forening (m/f)	[fɔ'reniŋ]
Konferenzraum (m)	konferansesal (m)	[kunfə'ransə‚sal]

| Kongress (m) | kongress (m) | [kʊn'grɛs] |
| Wettbewerb (m) | tevling (m) | ['tɛvliŋ] |

Besucher (m)	besøkende (m)	[be'søkenə]
besuchen (vt)	å besøke	[ɔ be'søkə]
Auftraggeber (m)	kunde (m)	['kʉndə]

84. Wissenschaft. Forschung. Wissenschaftler

Wissenschaft (f)	vitenskap (m)	['vitən‚skap]
wissenschaftlich	vitenskapelig	['vitən‚skapəli]
Wissenschaftler (m)	vitenskapsmann (m)	['vitən‚skaps man]
Theorie (f)	teori (m)	[teʉ'ri]

Axiom (n)	aksiom (n)	[aksi'ɔm]
Analyse (f)	analyse (m)	[ana'lysə]
analysieren (vt)	å analysere	[ɔ analy'sere]
Argument (n)	argument (n)	[argʉ'mɛnt]
Substanz (f)	stoff (n), substans (m)	['stɔf], [sʉb'stans]

Hypothese (f)	hypotese (m)	[hypʉ'tesə]
Dilemma (n)	dilemma (n)	[di'lema]
Dissertation (f)	avhandling (m/f)	['av‚handliŋ]
Dogma (n)	dogme (n)	['dɔgmə]

Doktrin (f)	doktrine (m)	[dɔk'trinə]
Forschung (f)	forskning (m)	['fɔːşkniŋ]
forschen (vi)	å forske	[ɔ 'fɔːşkə]
Kontrolle (f)	test (m), prøve (m/f)	['tɛst], ['prøve]
Labor (n)	laboratorium (n)	[labʉra'tɔrium]

Methode (f)	metode (m)	[me'tɔdə]
Molekül (n)	molekyl (n)	[mʉle'kyl]
Monitoring (n)	overvåking (m/f)	['ɔver‚vɔkiŋ]
Entdeckung (f)	oppdagelse (m)	['ɔp‚dagəlsə]

Postulat (n)	postulat (n)	[pɔstʉ'lat]
Prinzip (n)	prinsipp (n)	[prin'sip]
Prognose (f)	prognose (m)	[prʉg'nʉsə]
prognostizieren (vt)	å prognostisere	[ɔ prʉgnʉsti'serə]

Synthese (f)	syntese (m)	[sʏn'tesə]
Tendenz (f)	tendens (m)	[tɛn'dɛns]
Theorem (n)	teorem (n)	[teʉ'rɛm]

Lehre (Doktrin)	lære (m/f pl)	['lærə]
Tatsache (f)	faktum (n)	['faktum]
Expedition (f)	ekspedisjon (m)	[ɛkspedi'şʉn]
Experiment (n)	eksperiment (n)	[ɛksperi'mɛnt]

Akademiemitglied (n)	akademiker (m)	[aka'demikər]
Bachelor (m)	bachelor (m)	['batşɛlor]
Doktor (m)	doktor (m)	['dɔktʉr]
Dozent (m)	dosent (m)	[dʉ'sɛnt]

| Magister (m) | **magister** (m) | [mɑˈgistər] |
| Professor (m) | **professor** (m) | [prʊˈfɛsʊr] |

Berufe und Tätigkeiten

85. Arbeitsuche. Kündigung

Arbeit (f), Stelle (f)	arbeid (n), jobb (m)	['arbæj], ['job]
Belegschaft (f)	ansatte (pl)	['an͵satə]
Personal (n)	personale (n)	[pæsu'nalə]
Karriere (f)	karriere (m)	[kari'ɛrə]
Perspektive (f)	utsikter (m pl)	['ʉt͵siktər]
Können (n)	mesterskap (n)	['mɛstæ͵skap]
Auswahl (f)	utvelgelse (m)	['ʉt͵vɛlgəlsə]
Personalagentur (f)	rekrutteringsbyrå (n)	['rekrʉ͵terings by͵ro]
Lebenslauf (m)	CV (m/n)	['sɛvɛ]
Vorstellungsgespräch (n)	jobbintervju (n)	['job ͵intər'vjʉ]
Vakanz (f)	vakanse (m)	['vakansə]
Gehalt (n)	lønn (m/f)	['lœn]
festes Gehalt (n)	fastlønn (m/f)	['fast͵lœn]
Arbeitslohn (m)	betaling (m/f)	[be'taliŋ]
Stellung (f)	stilling (m/f)	['stiliŋ]
Pflicht (f)	plikt (m/f)	['plikt]
Aufgabenspektrum (n)	arbeidsplikter (m/f pl)	['arbæjds͵pliktər]
beschäftigt	opptatt	['ɔp͵tat]
kündigen (vt)	å avskjedige	[ɔ 'af͵ʂedigə]
Kündigung (f)	avskjedigelse (m)	['afʂe͵digəlsə]
Arbeitslosigkeit (f)	arbeidsløshet (m)	['arbæjdsløs͵het]
Arbeitslose (m)	arbeidsløs (m)	['arbæjds͵løs]
Rente (f), Ruhestand (m)	pensjon (m)	[pan'ʂun]
in Rente gehen	å gå av med pensjon	[ɔ 'gɔ a: me pan'ʂun]

86. Geschäftsleute

Direktor (m)	direktør (m)	[dirɛk'tør]
Leiter (m)	forstander (m)	[fɔ'ʂtandər]
Boss (m)	boss (m)	['bɔs]
Vorgesetzte (m)	overordnet (m)	['ɔvər͵ɔrdnet]
Vorgesetzten (pl)	overordnede (pl)	['ɔvər͵ɔrdnedə]
Präsident (m)	president (m)	[prɛsi'dɛnt]
Vorsitzende (m)	styreformann (m)	['styrə͵forman]
Stellvertreter (m)	stedfortreder (m)	['stedfɔ:͵tredər]
Helfer (m)	assistent (m)	[asi'stɛnt]

Sekretär (m)	sekretær (m)	[sɛkrə'tær]
Privatsekretär (m)	privatsekretær (m)	[pri'vɑt sɛkrə'tær]
Geschäftsmann (m)	forretningsmann (m)	[fɔ'rɛtniŋs‚mɑn]
Unternehmer (m)	entreprenør (m)	[ɛntreprə'nør]
Gründer (m)	grunnlegger (m)	['grʉn‚legər]
gründen (vt)	å grunnlegge, å stifte	[ɔ 'grʉn‚legə], [ɔ 'stiftə]
Gründungsmitglied (n)	stifter (m)	['stiftər]
Partner (m)	partner (m)	['pɑ:tnər]
Aktionär (m)	aksjonær (m)	[ɑkʂʉ'nær]
Millionär (m)	millionær (m)	[milju'nær]
Milliardär (m)	milliardær (m)	[miljɑ:'dær]
Besitzer (m)	eier (m)	['æjər]
Landbesitzer (m)	jordeier (m)	['ju:r‚æjər]
Kunde (m)	kunde (m)	['kʉndə]
Stammkunde (m)	fast kunde (m)	[‚fɑst 'kʉndə]
Käufer (m)	kjøper (m)	['çœ:pər]
Besucher (m)	besøkende (m)	[be'søkenə]
Fachmann (m)	yrkesmann (m)	['yrkəs‚mɑn]
Experte (m)	ekspert (m)	[ɛks'pæ:t]
Spezialist (m)	spesialist (m)	[spesiɑ'list]
Bankier (m)	bankier (m)	[bɑnki'e]
Makler (m)	mekler, megler (m)	['mɛklər]
Kassierer (m)	kasserer (m)	[kɑ'serər]
Buchhalter (m)	regnskapsfører (m)	['rɛjnskɑps‚førər]
Wächter (m)	sikkerhetsvakt (m/f)	['sikərhɛts‚vɑkt]
Investor (m)	investor (m)	[in'vɛstʉr]
Schuldner (m)	skyldner (m)	['ʂylnər]
Gläubiger (m)	kreditor (m)	['krɛditʉr]
Kreditnehmer (m)	låntaker (m)	['lɔn‚tɑkər]
Importeur (m)	importør (m)	[impɔ:'tør]
Exporteur (m)	eksportør (m)	[ɛkspɔ:'tør]
Hersteller (m)	produsent (m)	[prʉdʉ'sɛnt]
Distributor (m)	distributør (m)	[distribʉ'tør]
Vermittler (m)	mellommann (m)	['mɛlɔ‚mɑn]
Berater (m)	konsulent (m)	[kʉnsʉ'lent]
Vertreter (m)	representant (m)	[represɛn'tɑnt]
Agent (m)	agent (m)	[ɑ'gɛnt]
Versicherungsagent (m)	forsikringsagent (m)	[fɔ'ʂikriŋs ɑ'gɛnt]

87. Dienstleistungsberufe

Koch (m)	kokk (m)	['kʊk]
Chefkoch (m)	sjefkokk (m)	['ʂɛf‚kʊk]

Bäcker (m)	baker (m)	['bakər]
Barmixer (m)	bartender (m)	['baːˌtɛndər]
Kellner (m)	servitør (m)	['særvi'tør]
Kellnerin (f)	servitrise (m/f)	[særvi'trisə]
Rechtsanwalt (m)	advokat (m)	[advʊ'kat]
Jurist (m)	jurist (m)	[jʉ'rist]
Notar (m)	notar (m)	[nʊ'tar]
Elektriker (m)	elektriker (m)	[ɛ'lektrikər]
Klempner (m)	rørlegger (m)	['rørˌlegər]
Zimmermann (m)	tømmermann (m)	['tœmərˌman]
Masseur (m)	massør (m)	[ma'sør]
Masseurin (f)	massøse (m)	[ma'søsə]
Arzt (m)	lege (m)	['legə]
Taxifahrer (m)	taxisjåfør (m)	['taksi ʂɔ'før]
Fahrer (m)	sjåfør (m)	[ʂɔ'før]
Ausfahrer (m)	bud (n)	['bʉd]
Zimmermädchen (n)	stuepike (m/f)	['stʉəˌpikə]
Wächter (m)	sikkerhetsvakt (m/f)	['sikərhɛtsˌvakt]
Flugbegleiterin (f)	flyvertinne (m/f)	[flyvɛː'tinə]
Lehrer (m)	lærer (m)	['lærər]
Bibliothekar (m)	bibliotekar (m)	[bibliʊ'tekar]
Übersetzer (m)	oversetter (m)	['ɔvəˌsɛtər]
Dolmetscher (m)	tolk (m)	['tɔlk]
Fremdenführer (m)	guide (m)	['gajd]
Friseur (m)	frisør (m)	[fri'sør]
Briefträger (m)	postbud (n)	['pɔstˌbʉd]
Verkäufer (m)	forselger (m)	[fɔ'ʂɛlər]
Gärtner (m)	gartner (m)	['gaːtnər]
Diener (m)	tjener (m)	['tjenər]
Magd (f)	tjenestepike (m/f)	['tjenɛstəˌpikə]
Putzfrau (f)	vaskedame (m/f)	['vaskəˌdamə]

88. Militärdienst und Ränge

einfacher Soldat (m)	menig (m)	['meni]
Feldwebel (m)	sersjant (m)	[sær'ʂant]
Leutnant (m)	løytnant (m)	['løjtˌnant]
Hauptmann (m)	kaptein (m)	[kap'tæjn]
Major (m)	major (m)	[ma'jɔr]
Oberst (m)	oberst (m)	['ʊbɛʂt]
General (m)	general (m)	[gene'ral]
Marschall (m)	marskalk (m)	['marʂal]
Admiral (m)	admiral (m)	[admi'ral]
Militärperson (f)	militær (m)	[mili'tær]
Soldat (m)	soldat (m)	[sʊl'dat]

| Offizier (m) | offiser (m) | [ɔfi'sɛr] |
| Kommandeur (m) | befalshaver (m) | [be'fals‚havər] |

Grenzsoldat (m)	grensevakt (m/f)	['grɛnsə‚vakt]
Funker (m)	radiooperatør (m)	['radiʉ ʉpəra'tør]
Aufklärer (m)	oppklaringssoldat (m)	['ɔp‚klariŋ sʉl'dat]
Pionier (m)	pioner (m)	[piʉ'ner]
Schütze (m)	skytter (m)	['ṣytər]
Steuermann (m)	styrmann (m)	['styr‚man]

89. Beamte. Priester

| König (m) | konge (m) | ['kʉŋə] |
| Königin (f) | dronning (m/f) | ['drɔniŋ] |

| Prinz (m) | prins (m) | ['prins] |
| Prinzessin (f) | prinsesse (m/f) | [prin'sɛsə] |

| Zar (m) | tsar (m) | ['tsar] |
| Zarin (f) | tsarina (m) | [tsa'rina] |

Präsident (m)	president (m)	[prɛsi'dɛnt]
Minister (m)	minister (m)	[mi'nistər]
Ministerpräsident (m)	statsminister (m)	['stats mi'nistər]
Senator (m)	senator (m)	[se'natʉr]

Diplomat (m)	diplomat (m)	[diplʉ'mat]
Konsul (m)	konsul (m)	['kʉn‚sʉl]
Botschafter (m)	ambassadør (m)	[ambasa'dør]
Ratgeber (m)	rådgiver (m)	['rɔd‚jivər]

Beamte (m)	embetsmann (m)	['ɛmbets‚man]
Präfekt (m)	prefekt (m)	[prɛ'fɛkt]
Bürgermeister (m)	borgermester (m)	[bɔrgər'mɛstər]

| Richter (m) | dommer (m) | ['dɔmər] |
| Staatsanwalt (m) | anklager (m) | ['an‚klagər] |

Missionar (m)	misjonær (m)	[miṣʉ'nær]
Mönch (m)	munk (m)	['mʉnk]
Abt (m)	abbed (m)	['abed]
Rabbiner (m)	rabbiner (m)	[ra'binər]

Wesir (m)	vesir (m)	[vɛ'sir]
Schah (n)	sjah (m)	['ṣa]
Scheich (m)	sjeik (m)	['ṣæjk]

90. Landwirtschaftliche Berufe

Bienenzüchter (m)	birøkter (m)	['bi‚røktər]
Hirt (m)	gjeter, hyrde (m)	['jetər], ['hyrdə]
Agronom (m)	agronom (m)	[agrʉ'nʉm]

| Viehzüchter (m) | husdyrholder (m) | ['hʉsdyrˌhɔldər] |
| Tierarzt (m) | dyrlege, veterinær (m) | ['dyrˌlegə], [veteri'nær] |

Farmer (m)	gårdbruker, bonde (m)	['gɔːrˌbrʉkər], ['bɔnə]
Winzer (m)	vinmaker (m)	['vinˌmakər]
Zoologe (m)	zoolog (m)	[sʉː'lɔg]
Cowboy (m)	cowboy (m)	['kawˌbɔj]

91. Künstler

| Schauspieler (m) | skuespiller (m) | ['skʉəˌspilər] |
| Schauspielerin (f) | skuespillerinne (m/f) | ['skʉəˌspilə'rinə] |

| Sänger (m) | sanger (m) | ['saŋər] |
| Sängerin (f) | sangerinne (m/f) | [saŋə'rinə] |

| Tänzer (m) | danser (m) | ['dansər] |
| Tänzerin (f) | danserinne (m/f) | [danse'rinə] |

| Künstler (m) | skuespiller (m) | ['skʉəˌspilər] |
| Künstlerin (f) | skuespillerinne (m/f) | ['skʉəˌspilə'rinə] |

Musiker (m)	musiker (m)	['mʉsikər]
Pianist (m)	pianist (m)	[pia'nist]
Gitarrist (m)	gitarspiller (m)	[gi'tarˌspilər]

Dirigent (m)	dirigent (m)	[diri'gɛnt]
Komponist (m)	komponist (m)	[kʊmpʉ'nist]
Manager (m)	impresario (m)	[impre'sariʉ]

Regisseur (m)	regissør (m)	[rɛʂi'sør]
Produzent (m)	produsent (m)	[prʉdʉ'sɛnt]
Drehbuchautor (m)	manusforfatter (m)	['manʉs fɔr'fatər]
Kritiker (m)	kritiker (m)	['kritikər]

Schriftsteller (m)	forfatter (m)	[fɔr'fatər]
Dichter (m)	poet, dikter (m)	['pɔɛt], ['diktər]
Bildhauer (m)	skulptør (m)	[skʉlp'tør]
Maler (m)	kunstner (m)	['kʉnstnər]

Jongleur (m)	sjonglør (m)	[ʂɔŋ'lør]
Clown (m)	klovn (m)	['klɔvn]
Akrobat (m)	akrobat (m)	[akrʊ'bat]
Zauberkünstler (m)	tryllekunstner (m)	['trʏləˌkʉnstnər]

92. Verschiedene Berufe

Arzt (m)	lege (m)	['legə]
Krankenschwester (f)	sykepleierske (m/f)	['sykəˌplæjeʂkə]
Psychiater (m)	psykiater (m)	[syki'atər]
Zahnarzt (m)	tannlege (m)	['tanˌlegə]
Chirurg (m)	kirurg (m)	[çi'rʉrg]

| Astronaut (m) | astronaut (m) | [astrʉ'naut] |
| Astronom (m) | astronom (m) | [astrʉ'nʉm] |

Fahrer (Taxi-)	fører (m)	['fører]
Lokomotivführer (m)	lokfører (m)	['lʊk‚fører]
Mechaniker (m)	mekaniker (m)	[me'kanikər]

Bergarbeiter (m)	gruvearbeider (m)	['grʉvə'ar‚bæjdər]
Arbeiter (m)	arbeider (m)	['ar‚bæjdər]
Schlosser (m)	låsesmed (m)	['loːsə‚sme]
Tischler (m)	snekker (m)	['snɛkər]
Dreher (m)	dreier (m)	['dræjər]
Bauarbeiter (m)	bygningsarbeider (m)	['bygniŋs 'ar‚bæjər]
Schweißer (m)	sveiser (m)	['svæjsər]

Professor (m)	professor (m)	[prʉ'fɛsʉr]
Architekt (m)	arkitekt (m)	[arki'tɛkt]
Historiker (m)	historiker (m)	[hi'stʉrikər]
Wissenschaftler (m)	vitenskapsmann (m)	['vitən‚skaps man]
Physiker (m)	fysiker (m)	['fysikər]
Chemiker (m)	kjemiker (m)	['çemikər]

Archäologe (m)	arkeolog (m)	[‚arkeʉ'lɔg]
Geologe (m)	geolog (m)	[geʉ'lɔg]
Forscher (m)	forsker (m)	['fɔʂkər]

| Kinderfrau (f) | babysitter (m) | ['bɛby‚sitər] |
| Lehrer (m) | lærer, pedagog (m) | [lærər], [peda'gɔg] |

Redakteur (m)	redaktør (m)	[rɛdak'tør]
Chefredakteur (m)	sjefredaktør (m)	['ʂef rɛdak'tør]
Korrespondent (m)	korrespondent (m)	[kʉrespɔn'dɛnt]
Schreibkraft (f)	maskinskriverske (m)	[ma'ʂin ‚skrivɛʂkə]

Designer (m)	designer (m)	[de'sajnər]
Computerspezialist (m)	dataekspert (m)	['data ɛks'pɛːt]
Programmierer (m)	programmerer (m)	[prʉgra'merər]
Ingenieur (m)	ingeniør (m)	[inʂə'njør]

Seemann (m)	sjømann (m)	['ʂø‚man]
Matrose (m)	matros (m)	[ma'trʉs]
Retter (m)	redningsmann (m)	['rɛdniŋs‚man]

Feuerwehrmann (m)	brannmann (m)	['bran‚man]
Polizist (m)	politi (m)	[pʉli'ti]
Nachtwächter (m)	nattvakt (m)	['nat‚vakt]
Detektiv (m)	detektiv (m)	[detɛk'tiv]

Zollbeamter (m)	tollbetjent (m)	['tɔlbe‚tjɛnt]
Leibwächter (m)	livvakt (m/f)	['liv‚vakt]
Gefängniswärter (m)	fangevokter (m)	['faŋə‚vɔktər]
Inspektor (m)	inspektør (m)	[inspɛk'tør]

Sportler (m)	idrettsmann (m)	['idrɛts‚man]
Trainer (m)	trener (m)	['trenər]
Fleischer (m)	slakter (m)	['ʂlaktər]

Schuster (m)	skomaker (m)	['skʊˌmakər]
Geschäftsmann (m)	handelsmann (m)	['handəlsˌman]
Ladearbeiter (m)	lastearbeider (m)	['lastə'arˌbæjdər]
Modedesigner (m)	moteskaper (m)	['mʊtəˌskapər]
Modell (n)	modell (m)	[mʊ'dɛl]

93. Beschäftigung. Sozialstatus

Schüler (m)	skolegutt (m)	['skʊləˌgʉt]
Student (m)	student (m)	[stʉ'dɛnt]
Philosoph (m)	filosof (m)	[filu'sʊf]
Ökonom (m)	økonom (m)	[økʊ'nʊm]
Erfinder (m)	oppfinner (m)	['ɔpˌfinər]
Arbeitslose (m)	arbeidsløs (m)	['arbæjdsˌløs]
Rentner (m)	pensjonist (m)	[panʂʊ'nist]
Spion (m)	spion (m)	[spi'un]
Gefangene (m)	fange (m)	['faŋə]
Streikender (m)	streiker (m)	['stræjkər]
Bürokrat (m)	byråkrat (m)	[byrɔ'krat]
Reisende (m)	reisende (m)	['ræjsenə]
Homosexuelle (m)	homofil (m)	['hʊmʊˌfil]
Hacker (m)	hacker (m)	['hakər]
Hippie (m)	hippie (m)	['hipi]
Bandit (m)	banditt (m)	[ban'dit]
Killer (m)	leiemorder (m)	['læjəˌmʊrdər]
Drogenabhängiger (m)	narkoman (m)	[narkʊ'man]
Drogenhändler (m)	narkolanger (m)	['narkɔˌlaŋər]
Prostituierte (f)	prostituert (m)	[prʊstitʉ'e:t]
Zuhälter (m)	hallik (m)	['halik]
Zauberer (m)	trollmann (m)	['trɔlˌman]
Zauberin (f)	trollkjerring (m/f)	['trɔlˌçærin]
Seeräuber (m)	pirat, sjørøver (m)	['pi'rat], ['ʂøˌrøvər]
Sklave (m)	slave (m)	['slavə]
Samurai (m)	samurai (m)	[samʉ'raj]
Wilde (m)	villmann (m)	['vilˌman]

Ausbildung

94. Schule

| Schule (f) | skole (m/f) | ['skʉlə] |
| Schulleiter (m) | rektor (m) | ['rektʊr] |

Schüler (m)	elev (m)	[e'lev]
Schülerin (f)	elev (m)	[e'lev]
Schuljunge (m)	skolegutt (m)	['skʉlə‚gʉt]
Schulmädchen (f)	skolepike (m)	['skʉlə‚pikə]

lehren (vt)	å undervise	[ɔ 'ʉnər‚visə]
lernen (Englisch ~)	å lære	[ɔ 'lærə]
auswendig lernen	å lære utenat	[ɔ 'lærə 'ʉtənat]

lernen (vi)	å lære	[ɔ 'lærə]
in der Schule sein	å gå på skolen	[ɔ 'gɔ pɔ 'skʉlən]
die Schule besuchen	å gå på skolen	[ɔ 'gɔ pɔ 'skʉlən]

| Alphabet (n) | alfabet (n) | [alfɑ'bet] |
| Fach (n) | fag (n) | ['fɑg] |

Klassenraum (m)	klasserom (m/f)	['klasə‚rʊm]
Stunde (f)	time (m)	['timə]
Pause (f)	frikvarter (n)	['frikvɑːˌtər]
Schulglocke (f)	skoleklokke (m/f)	['skʉlə‚klɔkə]
Schulbank (f)	skolepult (m)	['skʉlə‚pʉlt]
Tafel (f)	tavle (m/f)	['tavlə]

Note (f)	karakter (m)	[karak'ter]
gute Note (f)	god karakter (m)	['gʉ karak'ter]
schlechte Note (f)	dårlig karakter (m)	['doːli karak'ter]
eine Note geben	å gi en karakter	[ɔ 'ji en karak'ter]

Fehler (m)	feil (m)	['fæjl]
Fehler machen	å gjøre feil	[ɔ 'jørə ‚fæjl]
korrigieren (vt)	å rette	[ɔ 'rɛtə]
Spickzettel (m)	fuskelapp (m)	['fʉskə‚lɑp]

| Hausaufgabe (f) | lekser (m/f pl) | ['leksər] |
| Übung (f) | øvelse (m) | ['øvəlsə] |

anwesend sein	å være til stede	[ɔ 'værə til 'stedə]
fehlen (in der Schule ~)	å være fraværende	[ɔ 'værə 'fra‚værənə]
versäumen (Schule ~)	å skulke skolen	[ɔ 'skʉlkə 'skʉlən]

bestrafen (vt)	å straffe	[ɔ 'strafə]
Strafe (f)	straff, avstraffelse (m)	['strɑf], ['ɑf‚strɑfəlsə]
Benehmen (n)	oppførsel (m)	['ɔp‚fœʂəl]

Zeugnis (n)	karakterbok (m/f)	[karak'ter͵bʉk]
Bleistift (m)	blyant (m)	['bly͵ant]
Radiergummi (m)	viskelær (n)	['viskə͵lær]
Kreide (f)	kritt (n)	['krit]
Federkasten (m)	pennal (n)	[pɛ'nal]

Schulranzen (m)	skoleveske (m/f)	['skʉlə͵vɛskə]
Kugelschreiber, Stift (m)	penn (m)	['pɛn]
Heft (n)	skrivebok (m/f)	['skrivə͵bʉk]
Lehrbuch (n)	lærebok (m/f)	['lærə͵bʉk]
Zirkel (m)	passer (m)	['pasər]

zeichnen (vt)	å tegne	[ɔ 'tæjnə]
Zeichnung (f)	teknisk tegning (m/f)	['tɛknisk ͵tæjniŋ]

Gedicht (n)	dikt (n)	['dikt]
auswendig (Adv)	utenat	['ʉtən͵at]
auswendig lernen	å lære utenat	[ɔ 'lærə 'ʉtənat]

Ferien (pl)	skoleferie (m)	['skʉlə͵fɛriə]
in den Ferien sein	å være på ferie	[ɔ 'værə pɔ 'fɛriə]
Ferien verbringen	å tilbringe ferien	[ɔ 'til͵briŋə 'fɛriən]

Test (m), Prüfung (f)	prøve (m/f)	['prøvə]
Aufsatz (m)	essay (n)	[ɛ'sɛj]
Diktat (n)	diktat (m)	[dik'tat]
Prüfung (f)	eksamen (m)	[ɛk'samən]
Prüfungen ablegen	å ta eksamen	[ɔ 'ta ɛk'samən]
Experiment (n)	forsøk (n)	['fɔ'søk]

95. Hochschule. Universität

Akademie (f)	akademi (n)	[akade'mi]
Universität (f)	universitet (n)	[ʉnivæʂi'tet]
Fakultät (f)	fakultet (n)	[fakʉl'tet]

Student (m)	student (m)	[stʉ'dɛnt]
Studentin (f)	kvinnelig student (m)	['kvinəli stʉ'dɛnt]
Lehrer (m)	lærer, foreleser (m)	['lærər], ['fʊrə͵lesər]

Hörsaal (m)	auditorium (n)	[͵aʉdi'tʉrium]
Hochschulabsolvent (m)	alumn (m)	[a'lʉmn]

Diplom (n)	diplom (n)	[di'plʉm]
Dissertation (f)	avhandling (m/f)	['av͵handliŋ]

Forschung (f)	studie (m)	['stʉdiə]
Labor (n)	laboratorium (n)	[labʊra'tɔrium]

Vorlesung (f)	forelesning (m)	['fɔrə͵lesniŋ]
Kommilitone (m)	studiekamerat (m)	['stʉdiə kamə͵rat]

Stipendium (n)	stipendium (n)	[sti'pɛndium]
akademischer Grad (m)	akademisk grad (m)	[aka'demisk ͵grad]

96. Naturwissenschaften. Fächer

Mathematik (f)	matematikk (m)	[matəma'tik]
Algebra (f)	algebra (m)	['algə‚bra]
Geometrie (f)	geometri (m)	[geʉme'tri]
Astronomie (f)	astronomi (m)	[astrʉnʉ'mi]
Biologie (f)	biologi (m)	[biʉlʉ'gi]
Erdkunde (f)	geografi (m)	[geʉgra'fi]
Geologie (f)	geologi (m)	[geʉlʉ'gi]
Geschichte (f)	historie (m/f)	[hi'stʉriə]
Medizin (f)	medisin (m)	[medi'sin]
Pädagogik (f)	pedagogikk (m)	[pedagʉ'gik]
Recht (n)	rett (m)	['rɛt]
Physik (f)	fysikk (m)	[fy'sik]
Chemie (f)	kjemi (m)	[çe'mi]
Philosophie (f)	filosofi (m)	[filʉsʉ'fi]
Psychologie (f)	psykologi (m)	[sikʉlʉ'gi]

97. Schrift Rechtschreibung

Grammatik (f)	grammatikk (m)	[grama'tik]
Lexik (f)	ordforråd (n)	['u:rfʉ‚rɔd]
Phonetik (f)	fonetikk (m)	[fʉne'tik]
Substantiv (n)	substantiv (n)	['sʉbstan‚tiv]
Adjektiv (n)	adjektiv (n)	['adjɛk‚tiv]
Verb (n)	verb (n)	['værb]
Adverb (n)	adverb (n)	[ad'væ:b]
Pronomen (n)	pronomen (n)	[prʉ'nʉmən]
Interjektion (f)	interjeksjon (m)	[interjɛk'ʂʉn]
Präposition (f)	preposisjon (m)	[prɛpʉsi'ʂʉn]
Wurzel (f)	rot (m/f)	['rʉt]
Endung (f)	endelse (m)	['ɛnəlsə]
Vorsilbe (f)	prefiks (n)	[prɛ'fiks]
Silbe (f)	stavelse (m)	['stavəlsə]
Suffix (n), Nachsilbe (f)	suffiks (n)	[sʉ'fiks]
Betonung (f)	betoning (m), trykk (n)	['be'tɔniŋ], ['trʏk]
Apostroph (m)	apostrof (m)	[apʉ'strɔf]
Punkt (m)	punktum (n)	['pʉnktum]
Komma (n)	komma (n)	['kɔma]
Semikolon (n)	semikolon (n)	[‚semikʉ'lɔn]
Doppelpunkt (m)	kolon (n)	['kʉlɔn]
Auslassungspunkte (pl)	tre prikker (m pl)	['tre 'prikər]
Fragezeichen (n)	spørsmålstegn (n)	['spœʂmɔls‚tæjn]
Ausrufezeichen (n)	utropstegn (n)	['ʉtrʉps‚tæjn]

Anführungszeichen (pl)	anførselstegn (n pl)	[ɑnˈfœṣɛlsˌtejn]
in Anführungszeichen	i anførselstegn	[i ɑnˈfœṣɛlsˌtejn]
runde Klammern (pl)	parentes (m)	[pɑrɛnˈtes]
in Klammern	i parentes	[i pɑrɛnˈtes]
Bindestrich (m)	bindestrek (m)	[ˈbinəˌstrek]
Gedankenstrich (m)	tankestrek (m)	[ˈtɑnkəˌstrek]
Leerzeichen (n)	mellomrom (n)	[ˈmɛlɔmˌrʊm]
Buchstabe (m)	bokstav (m)	[ˈbʊkstɑv]
Großbuchstabe (m)	stor bokstav (m)	[ˈstʊr ˈbʊkstɑv]
Vokal (m)	vokal (m)	[vʊˈkɑl]
Konsonant (m)	konsonant (m)	[kʊnsʊˈnɑnt]
Satz (m)	setning (m)	[ˈsɛtniŋ]
Subjekt (n)	subjekt (n)	[sʉbˈjɛkt]
Prädikat (n)	predikat (n)	[prɛdiˈkɑt]
Zeile (f)	linje (m)	[ˈlinjə]
in einer neuen Zeile	på ny linje	[pɔ ny ˈlinjə]
Absatz (m)	avsnitt (n)	[ˈɑfˌsnit]
Wort (n)	ord (n)	[ˈuːr]
Wortverbindung (f)	ordgruppe (m/f)	[ˈuːrˌgrʉpə]
Redensart (f)	uttrykk (n)	[ˈʉtˌtrʏk]
Synonym (n)	synonym (n)	[synʉˈnym]
Antonym (n)	antonym (n)	[ɑntʉˈnym]
Regel (f)	regel (m)	[ˈrɛgəl]
Ausnahme (f)	unntak (n)	[ˈʉnˌtɑk]
richtig (Adj)	riktig	[ˈrikti]
Konjugation (f)	bøyning (m/f)	[ˈbøjniŋ]
Deklination (f)	bøyning (m/f)	[ˈbøjniŋ]
Kasus (m)	kasus (m)	[ˈkɑsʉs]
Frage (f)	spørsmål (n)	[ˈspœşˌmol]
unterstreichen (vt)	å understreke	[ɔ ˈʉnəˌstrekə]
punktierte Linie (f)	prikket linje (m)	[ˈprikət ˈlinjə]

98. Fremdsprachen

Sprache (f)	språk (n)	[ˈsprɔk]
Fremd-	fremmed-	[ˈfremə-]
Fremdsprache (f)	fremmedspråk (n)	[ˈfremədˌsprɔk]
studieren (z.B. Jura ~)	å studere	[ɔ stʉˈderə]
lernen (Englisch ~)	å lære	[ɔ ˈlærə]
lesen (vi, vt)	å lese	[ɔ ˈlesə]
sprechen (vi, vt)	å tale	[ɔ ˈtɑlə]
verstehen (vt)	å forstå	[ɔ fɔˈstɔ]
schreiben (vi, vt)	å skrive	[ɔ ˈskrivə]
schnell (Adv)	fort	[ˈfʊːt]
langsam (Adv)	langsomt	[ˈlɑŋsɔmt]

fließend (Adv)	flytende	['flytnə]
Regeln (pl)	regler (m pl)	['rɛglər]
Grammatik (f)	grammatikk (m)	[grɑmɑ'tik]
Vokabular (n)	ordforråd (n)	['uːrfʊˌrɔd]
Phonetik (f)	fonetikk (m)	[fʊne'tik]
Lehrbuch (n)	lærebok (m/f)	['lærəˌbʊk]
Wörterbuch (n)	ordbok (m/f)	['uːrˌbʊk]
Selbstlernbuch (n)	lærebok (m/f) for selvstudium	['lærəˌbʊk fɔ 'selˌstʉdium]
Sprachführer (m)	parlør (m)	[pɑːˈlør]
Kassette (f)	kassett (m)	[kɑ'sɛt]
Videokassette (f)	videokassett (m)	['videʊ kɑ'sɛt]
CD (f)	CD-rom (m)	['sɛdɛˌrʊm]
DVD (f)	DVD (m)	[deve'de]
Alphabet (n)	alfabet (n)	[alfɑ'bet]
buchstabieren (vt)	å stave	[ɔ 'stɑvə]
Aussprache (f)	uttale (m)	['ʉtˌtɑlə]
Akzent (m)	aksent (m)	[ak'sɑŋ]
mit Akzent	med aksent	[me ak'sɑŋ]
ohne Akzent	uten aksent	['ʉtən ak'sɑŋ]
Wort (n)	ord (n)	['uːr]
Bedeutung (f)	betydning (m)	[be'tʏdniŋ]
Kurse (pl)	kurs (n)	['kʉs]
sich einschreiben	å anmelde seg	[ɔ 'anˌmɛlə sæj]
Lehrer (m)	lærer (m)	['lærər]
Übertragung (f)	oversettelse (m)	['ɔvəˌsɛtəlsə]
Übersetzung (f)	oversettelse (m)	['ɔvəˌsɛtəlsə]
Übersetzer (m)	oversetter (m)	['ɔvəˌsɛtər]
Dolmetscher (m)	tolk (m)	['tɔlk]
Polyglott (m, f)	polyglott (m)	[pʊlʏ'glɔt]
Gedächtnis (n)	minne (n), hukommelse (m)	['minə], [hʉ'kɔməlsə]

Erholung. Unterhaltung. Reisen

99. Ausflug. Reisen

Tourismus (m)	turisme (m)	[tʉ'rismə]
Tourist (m)	turist (m)	[tʉ'rist]
Reise (f)	reise (m/f)	['ræjsə]
Abenteuer (n)	eventyr (n)	['ɛvənˌtyr]
Fahrt (f)	tripp (m)	['trip]
Urlaub (m)	ferie (m)	['fɛriə]
auf Urlaub sein	å være på ferie	[ɔ 'værə pɔ 'fɛriə]
Erholung (f)	hvile (m/f)	['vilə]
Zug (m)	tog (n)	['tɔg]
mit dem Zug	med tog	[me 'tɔg]
Flugzeug (n)	fly (n)	['fly]
mit dem Flugzeug	med fly	[me 'fly]
mit dem Auto	med bil	[me 'bil]
mit dem Schiff	med skip	[me 'ʂip]
Gepäck (n)	bagasje (m)	[bɑ'gɑʂə]
Koffer (m)	koffert (m)	['kʊfɛːt]
Gepäckwagen (m)	bagasjetralle (m/f)	[bɑ'gɑʂəˌtrɑlə]
Pass (m)	pass (n)	['pɑs]
Visum (n)	visum (n)	['visʉm]
Fahrkarte (f)	billett (m)	[bi'let]
Flugticket (n)	flybillett (m)	['fly bi'let]
Reiseführer (m)	reisehåndbok (m/f)	['ræjsəˌhɔnbʊk]
Landkarte (f)	kart (n)	['kɑːt]
Gegend (f)	område (n)	['ɔmˌroːdə]
Ort (wunderbarer ~)	sted (n)	['sted]
exotisch	eksotisk	[ɛk'sʊtisk]
erstaunlich (Adj)	forunderlig	[fɔ'rʉndeːli]
Gruppe (f)	gruppe (m)	['grʉpə]
Ausflug (m)	utflukt (m/f)	['ʉtˌflʉkt]
Reiseleiter (m)	guide (m)	['gɑjd]

100. Hotel

Hotel (n)	hotell (n)	[hʊ'tɛl]
Motel (n)	motell (n)	[mʊ'tɛl]
drei Sterne	trestjernet	['treˌstjæːnə]
fünf Sterne	femstjernet	['fɛmˌstjæːnə]

absteigen (vi)	å bo	[ɔ 'bu]
Hotelzimmer (n)	rom (n)	['rʊm]
Einzelzimmer (n)	enkeltrom (n)	['ɛnkelt͡ˌrʊm]
Zweibettzimmer (n)	dobbeltrom (n)	['dɔbeltˌrʊm]
reservieren (vt)	å reservere rom	[ɔ resɛr'verə 'rʊm]
Halbpension (f)	halvpensjon (m)	['hal panˌsʊn]
Vollpension (f)	fullpensjon (m)	['fʉl panˌsʊn]
mit Bad	med badekar	[me 'badəˌkar]
mit Dusche	med dusj	[me 'dʉʂ]
Satellitenfernsehen (n)	satellitt-TV (m)	[satɛ'lit 'tɛve]
Klimaanlage (f)	klimaanlegg (n)	['klima'anˌleg]
Handtuch (n)	håndkle (n)	['hɔnˌkle]
Schlüssel (m)	nøkkel (m)	['nøkəl]
Verwalter (m)	administrator (m)	[admini'strɑːtʊr]
Zimmermädchen (n)	stuepike (m/f)	['stʉəˌpikə]
Träger (m)	pikkolo (m)	['pikɔlɔ]
Portier (m)	portier (m)	[pɔːˈtje]
Restaurant (n)	restaurant (m)	[rɛstʊ'raŋ]
Bar (f)	bar (m)	['bar]
Frühstück (n)	frokost (m)	['frʊkɔst]
Abendessen (n)	middag (m)	['miˌda]
Buffet (n)	buffet (m)	[bʉ'fɛ]
Foyer (n)	hall, lobby (m)	['hal], ['lɔbi]
Aufzug (m), Fahrstuhl (m)	heis (m)	['hæjs]
BITTE NICHT STÖREN!	VENNLIGST IKKE FORSTYRR!	['vɛnligt ikə fɔ'ʂtyr]
RAUCHEN VERBOTEN!	RØYKING FORBUDT	['røjkiŋ fɔr'bʉt]

TECHNISCHES ZUBEHÖR. TRANSPORT

Technisches Zubehör

101. Computer

Computer (m)	datamaskin (m)	['dɑtɑ mɑˌʂin]
Laptop (m), Notebook (n)	bærbar, laptop (m)	['bærˌbɑr], ['lɑptɔp]
einschalten (vt)	å slå på	[ɔ 'ʂlɔ pɔ]
abstellen (vt)	å slå av	[ɔ 'ʂlɔ ɑː]
Tastatur (f)	tastatur (n)	[tɑstɑ'tʉr]
Taste (f)	tast (m)	['tɑst]
Maus (f)	mus (m/f)	['mʉs]
Mousepad (n)	musematte (m/f)	['mʉsəˌmɑtə]
Knopf (m)	knapp (m)	['knɑp]
Cursor (m)	markør (m)	[mɑr'kør]
Monitor (m)	monitor (m)	['mɔnitɔr]
Schirm (m)	skjerm (m)	['ʂærm]
Festplatte (f)	harddisk (m)	['hɑrˌdisk]
Festplattengröße (f)	harddiskkapasitet (m)	['hɑrˌdisk kɑpɑsi'tet]
Speicher (m)	minne (n)	['minə]
Arbeitsspeicher (m)	hovedminne (n)	['hɔvədˌminə]
Datei (f)	fil (m)	['fil]
Ordner (m)	mappe (m/f)	['mɑpə]
öffnen (vt)	å åpne	[ɔ 'ɔpnə]
schließen (vt)	å lukke	[ɔ 'lʉkə]
speichern (vt)	å lagre	[ɔ 'lɑgrə]
löschen (vt)	å slette, å fjerne	[ɔ 'ʂletə], [ɔ 'fjæːŋə]
kopieren (vt)	å kopiere	[ɔ kʉ'pjerə]
sortieren (vt)	å sortere	[ɔ sɔː'ʈerə]
transferieren (vt)	å overføre	[ɔ 'ɔvərˌførə]
Programm (n)	program (n)	[prʉ'grɑm]
Software (f)	programvare (m/f)	[prʉ'grɑmˌvɑrə]
Programmierer (m)	programmerer (m)	[prʉgrɑ'merər]
programmieren (vt)	å programmere	[ɔ prʉgrɑ'merə]
Hacker (m)	hacker (m)	['hɑkər]
Kennwort (n)	passord (n)	['pɑsˌuːr]
Virus (m, n)	virus (m)	['virʉs]
entdecken (vt)	å oppdage	[ɔ 'ɔpˌdɑgə]
Byte (n)	byte (m)	['bɑjt]

Megabyte (n)	megabyte (m)	['megaˌbajt]
Daten (pl)	data (m pl)	['data]
Datenbank (f)	database (m)	['dataˌbasə]
Kabel (n)	kabel (m)	['kabəl]
trennen (vt)	å koble fra	[ɔ 'kɔblə fra]
anschließen (vt)	å koble	[ɔ 'kɔblə]

102. Internet. E-Mail

Internet (n)	Internett	['inteˌnɛt]
Browser (m)	nettleser (m)	['nɛtˌlesər]
Suchmaschine (f)	søkemotor (m)	['søkəˌmɔtʊr]
Provider (m)	leverandør (m)	[levəran'dør]
Webmaster (m)	webmaster (m)	['vɛbˌmastər]
Website (f)	webside, hjemmeside (m/f)	['vɛbˌsidə], ['jɛməˌsidə]
Webseite (f)	nettside (m)	['nɛtˌsidə]
Adresse (f)	adresse (m)	[a'drɛsə]
Adressbuch (n)	adressebok (f)	[a'drɛsəˌbʊk]
Mailbox (f)	postkasse (m/f)	['pɔstˌkasə]
Post (f)	post (m)	['pɔst]
überfüllt (-er Briefkasten)	full	['fʉl]
Mitteilung (f)	melding (m/f)	['mɛliŋ]
eingehenden Nachrichten	innkommende meldinger	['inˌkɔmənə 'mɛliŋər]
ausgehenden Nachrichten	utgående meldinger	['ʉtˌgɔːənə 'mɛliŋər]
Absender (m)	avsender (m)	['afˌsɛnər]
senden (vt)	å sende	[ɔ 'sɛnə]
Absendung (f)	avsending (m)	['afˌsɛniŋ]
Empfänger (m)	mottaker (m)	['mɔtˌtakər]
empfangen (vt)	å motta	[ɔ 'mɔta]
Briefwechsel (m)	korrespondanse (m)	[kʊrɛspɔn'dansə]
im Briefwechsel stehen	å brevveksle	[ɔ 'brɛvˌvɛkslə]
Datei (f)	fil (m)	['fil]
herunterladen (vt)	å laste ned	[ɔ 'lastə 'ne]
schaffen (vt)	å opprette	[ɔ 'ɔpˌrɛtə]
löschen (vt)	å slette, å fjerne	[ɔ 'ʂlɛtə], [ɔ 'fjæːɳə]
gelöscht (Datei)	slettet	['ʂlɛtət]
Verbindung (f)	forbindelse (m)	[fɔr'binəlsə]
Geschwindigkeit (f)	hastighet (m/f)	['hastiˌhet]
Modem (n)	modem (n)	['mʊ'dɛm]
Zugang (m)	tilgang (m)	['tilˌgaŋ]
Port (m)	port (m)	['pɔːt]
Anschluss (m)	tilkobling (m/f)	['tilˌkɔbliŋ]
sich anschließen	å koble	[ɔ 'kɔblə]
auswählen (vt)	å velge	[ɔ 'vɛlgə]
suchen (vt)	å søke etter …	[ɔ 'søkə ˌɛtər …]

103. Elektrizität

Elektrizität (f)	elektrisitet (m)	[ɛlektrisi'tet]
elektrisch	elektrisk	[ɛ'lektrisk]
Elektrizitätswerk (n)	kraftverk (n)	['krɑft̩væːrk]
Energie (f)	energi (m)	[ɛnæːr'gi]
Strom (m)	elkraft (m/f)	['ɛl̩krɑft]
Glühbirne (f)	lyspære (m/f)	['lys͈pæːrə]
Taschenlampe (f)	lommelykt (m/f)	['lʊmə͈lʏkt]
Straßenlaterne (f)	gatelykt (m/f)	['gɑtə͈lʏkt]
Licht (n)	lys (n)	['lys]
einschalten (vt)	å slå på	[ɔ 'ʂlɔ pɔ]
ausschalten (vt)	å slå av	[ɔ 'ʂlɔ ɑː]
das Licht ausschalten	å slokke lyset	[ɔ 'ʂlɔkə 'lysə]
durchbrennen (vi)	å brenne ut	[ɔ 'brɛnə ʉt]
Kurzschluss (m)	kortslutning (m)	['kʉːt̩ʂlʉtniŋ]
Riß (m)	kabelbrudd (n)	['kɑbəl̩brʉd]
Kontakt (m)	kontakt (m)	[kʊn'tɑkt]
Schalter (m)	strømbryter (m)	['strøm͈brytər]
Steckdose (f)	stikkontakt (m)	['stik kʊn͈tɑkt]
Stecker (m)	støpsel (n)	['ʂtøpsəl]
Verlängerung (f)	skjøteledning (m)	['ʂøtə͈ledniŋ]
Sicherung (f)	sikring (m)	['sikriŋ]
Leitungsdraht (m)	ledning (m)	['ledniŋ]
Verdrahtung (f)	ledningsnett (n)	['ledniŋs͈nɛt]
Ampere (n)	ampere (m)	[ɑm'pɛr]
Stromstärke (f)	strømstyrke (m)	['strøm͈styrkə]
Volt (n)	volt (m)	['vɔlt]
Voltspannung (f)	spenning (m/f)	['spɛniŋ]
Elektrogerät (n)	elektrisk apparat (n)	[ɛ'lektrisk ɑpɑ'rɑt]
Indikator (m)	indikator (m)	[indi'kɑtʊr]
Elektriker (m)	elektriker (m)	[ɛ'lektrikər]
löten (vt)	å lodde	[ɔ 'lɔdə]
Lötkolben (m)	loddebolt (m)	['lɔdə͈bɔlt]
Strom (m)	strøm (m)	['strøm]

104. Werkzeug

Werkzeug (n)	verktøy (n)	['værk͈tøj]
Werkzeuge (pl)	verktøy (n pl)	['værk͈tøj]
Ausrüstung (f)	utstyr (n)	['ʉt͈styr]
Hammer (m)	hammer (m)	['hɑmər]
Schraubenzieher (m)	skrutrekker (m)	['skrʉ͈trɛkər]
Axt (f)	øks (m/f)	['øks]

Säge (f)	sag (m/f)	['sɑg]
sägen (vt)	å sage	[ɔ 'sɑgə]
Hobel (m)	høvel (m)	['høvəl]
hobeln (vt)	å høvle	[ɔ 'høvlə]
Lötkolben (m)	loddebolt (m)	['lɔdəˌbɔlt]
löten (vt)	å lodde	[ɔ 'lɔdə]
Feile (f)	fil (m/f)	['fil]
Kneifzange (f)	knipetang (m/f)	['knipəˌtɑŋ]
Flachzange (f)	flattang (m/f)	['flɑtˌtɑŋ]
Stemmeisen (n)	hoggjern, huggjern (n)	['hʉgˌjæːŋ]
Bohrer (m)	bor (m/n)	['bʊr]
Bohrmaschine (f)	boremaskin (m)	['bɔre mɑˌʂin]
bohren (vt)	å bore	[ɔ 'bɔrə]
Messer (n)	kniv (m)	['kniv]
Klinge (f)	blad (n)	['blɑ]
scharf (-e Messer usw.)	skarp	['skɑrp]
stumpf	sløv	['sløv]
stumpf werden (vi)	å bli sløv	[ɔ 'bli 'sløv]
schärfen (vt)	å skjerpe, å slipe	[ɔ 'ʂɛrpə], [ɔ 'ʂlipə]
Bolzen (m)	bolt (m)	['bɔlt]
Mutter (f)	mutter (m)	['mʉtər]
Gewinde (n)	gjenge (n)	['jɛŋə]
Holzschraube (f)	skrue (m)	['skrʉə]
Nagel (m)	spiker (m)	['spikər]
Nagelkopf (m)	spikerhode (n)	['spikərˌhʉdə]
Lineal (n)	linjal (m)	[li'njɑl]
Metermaß (n)	målebånd (n)	['moːləˌbɔn]
Wasserwaage (f)	vater, vaterpass (n)	['vɑtər], ['vɑtərˌpɑs]
Lupe (f)	lupe (m/f)	['lʉpə]
Messinstrument (n)	måleinstrument (n)	['moːlə instrʉ'mɛnt]
messen (vt)	å måle	[ɔ 'moːlə]
Skala (f)	skala (m)	['skɑlɑ]
Ablesung (f)	avlesninger (m/f pl)	['ɑvˌlesniŋər]
Kompressor (m)	kompressor (m)	[kʊm'presʊr]
Mikroskop (n)	mikroskop (n)	[mikrʊ'skʊp]
Pumpe (f)	pumpe (m/f)	['pʉmpə]
Roboter (m)	robot (m)	['rɔbɔt]
Laser (m)	laser (m)	['lɑsər]
Schraubenschlüssel (m)	skrunøkkel (m)	['skrʉˌnøkəl]
Klebeband (n)	pakketeip (m)	['pɑkəˌtɛjp]
Klebstoff (m)	lim (n)	['lim]
Sandpapier (n)	sandpapir (n)	['sɑnpɑˌpir]
Sprungfeder (f)	fjær (m/f)	['fjær]
Magnet (m)	magnet (m)	[mɑŋ'net]

Handschuhe (pl)	hansker (m pl)	['hanskər]
Leine (f)	reip, rep (n)	['ræjp], ['rɛp]
Schnur (f)	snor (m/f)	['snʊr]
Draht (m)	ledning (m)	['lednıŋ]
Kabel (n)	kabel (m)	['kabəl]
schwerer Hammer (m)	slegge (m/f)	['ʂlegə]
Brecheisen (n)	spett, jernspett (n)	['spɛt], ['jæːɳˌspɛt]
Leiter (f)	stige (m)	['stiːə]
Trittleiter (f)	trappstige (m/f)	['trɑpˌstiːə]
zudrehen (vt)	å skru fast	[ɔ 'skrʉ 'fɑst]
abdrehen (vt)	å skru løs	[ɔ 'skrʉ ˌløs]
zusammendrücken (vt)	å klemme	[ɔ 'klemə]
ankleben (vt)	å klistre, å lime	[ɔ 'klistrə], [ɔ 'limə]
schneiden (vt)	å skjære	[ɔ 'ʂæːrə]
Störung (f)	funksjonsfeil (m)	['fʉnkʂɔnsˌfæjl]
Reparatur (f)	reparasjon (m)	[repɑrɑ'ʂʊn]
reparieren (vt)	å reparere	[ɔ repɑ'rerə]
einstellen (vt)	å justere	[ɔ jʉ'sterə]
prüfen (vt)	å sjekke	[ɔ 'ʂɛkə]
Prüfung (f)	kontroll (m)	[kʊn'trɔl]
Ablesung (f)	avlesninger (m/f pl)	['ɑvˌlesnıŋər]
sicher (zuverlässigen)	pålitelig	[pɔ'liteli]
kompliziert (Adj)	komplisert	[kʊmpli'sɛːt]
verrosten (vi)	å ruste	[ɔ 'rʉstə]
rostig	rusten, rustet	['rʉstən], ['rʉstət]
Rost (m)	rust (m/f)	['rʉst]

Transport

105. Flugzeug

Flugzeug (n)	fly (n)	['fly]
Flugticket (n)	flybillett (m)	['fly bi'let]
Fluggesellschaft (f)	flyselskap (n)	['flysel‚skɑp]
Flughafen (m)	flyplass (m)	['fly‚plɑs]
Überschall-	overlyds-	['ɔvə‚lyds-]
Flugkapitän (m)	kaptein (m)	[kɑp'tæjn]
Besatzung (f)	besetning (m/f)	[be'sɛtniŋ]
Pilot (m)	pilot (m)	[pi'lɔt]
Flugbegleiterin (f)	flyvertinne (m/f)	[flyvɛ:'tinə]
Steuermann (m)	styrmann (m)	['styr‚mɑn]
Flügel (pl)	vinger (m pl)	['viŋər]
Schwanz (m)	hale (m)	['hɑlə]
Kabine (f)	cockpit, førerkabin (m)	['kɔkpit], ['førərkɑ‚bin]
Motor (m)	motor (m)	['mɔtʉr]
Fahrgestell (n)	landingshjul (n)	['lɑniŋs‚jʉl]
Turbine (f)	turbin (m)	[tʉr'bin]
Propeller (m)	propell (m)	[prʉ'pɛl]
Flugschreiber (m)	svart boks (m)	['svɑːt bɔks]
Steuerrad (n)	ratt (n)	['rɑt]
Treibstoff (m)	brensel (n)	['brɛnsəl]
Sicherheitskarte (f)	sikkerhetsbrosjyre (m)	['sikərhɛts‚brɔ'syrə]
Sauerstoffmaske (f)	oksygenmaske (m/f)	['ɔksygən‚mɑskə]
Uniform (f)	uniform (m)	[ʉni'fɔrm]
Rettungsweste (f)	redningsvest (m)	['rɛdniŋs‚vɛst]
Fallschirm (m)	fallskjerm (m)	['fɑl‚ʂærm]
Abflug, Start (m)	start (m)	['stɑːt]
starten (vi)	å løfte	[ɔ 'løftə]
Startbahn (f)	startbane (m)	['stɑːt‚bɑnə]
Sicht (f)	siktbarhet (m)	['siktbɑr‚het]
Flug (m)	flyging (m/f)	['flygiŋ]
Höhe (f)	høyde (m)	['højdə]
Luftloch (n)	lufthull (n)	['lʉft‚hʉl]
Platz (m)	plass (m)	['plɑs]
Kopfhörer (m)	hodetelefoner (n pl)	['hɔdətelə‚fʉnər]
Klapptisch (m)	klappbord (n)	['klɑp‚bʉr]
Bullauge (n)	vindu (n)	['vindʉ]
Durchgang (m)	midtgang (m)	['mit‚gɑŋ]

106. Zug

Zug (m)	tog (n)	['tɔg]
elektrischer Zug (m)	lokaltog (n)	[lɔ'kal₁tɔg]
Schnellzug (m)	ekspresstog (n)	[ɛks'prɛs₁tɔg]
Diesellok (f)	diesellokomotiv (n)	['disəl lʉkɔmɔ'tiv]
Dampflok (f)	damplokomotiv (n)	['damp lʉkɔmɔ'tiv]
Personenwagen (m)	vogn (m)	['vɔŋn]
Speisewagen (m)	restaurantvogn (m/f)	[rɛstʉ'raŋ₁vɔŋn]
Schienen (pl)	skinner (m/f pl)	['ʂinər]
Eisenbahn (f)	jernbane (m)	['jæː₁n̩₁banə]
Bahnschwelle (f)	sville (m/f)	['svilə]
Bahnsteig (m)	perrong, plattform (m/f)	[pɛ'rɔŋ], ['platfɔrm]
Gleis (n)	spor (n)	['spʉr]
Eisenbahnsignal (n)	semafor (m)	[sema'fʉr]
Station (f)	stasjon (m)	[sta'ʂʉn]
Lokomotivführer (m)	lokfører (m)	['lʉk₁førər]
Träger (m)	bærer (m)	['bærər]
Schaffner (m)	betjent (m)	['be'tjɛnt]
Fahrgast (m)	passasjer (m)	[pasa'ʂɛr]
Fahrkartenkontrolleur (m)	billett inspektør (m)	[bi'let inspɛk'tør]
Flur (m)	korridor (m)	[kʉri'dɔr]
Notbremse (f)	nødbrems (m)	['nød₁brɛms]
Abteil (n)	kupé (m)	[kʉ'pe]
Liegeplatz (m), Schlafkoje (f)	køye (m/f)	['køjə]
oberer Liegeplatz (m)	overkøye (m/f)	['ɔvər₁køjə]
unterer Liegeplatz (m)	underkøye (m/f)	['ʉnər₁køjə]
Bettwäsche (f)	sengetøy (n)	['sɛŋə₁tøj]
Fahrkarte (f)	billett (m)	[bi'let]
Fahrplan (m)	rutetabell (m)	['rʉtə₁ta'bɛl]
Anzeigetafel (f)	informasjonstavle (m/f)	[informa'ʂʉns ₁tavlə]
abfahren (der Zug)	å avgå	[ɔ 'avgɔ]
Abfahrt (f)	avgang (m)	['av₁gaŋ]
ankommen (der Zug)	å ankomme	[ɔ 'an₁kɔmə]
Ankunft (f)	ankomst (m)	['an₁kɔmst]
mit dem Zug kommen	å ankomme med toget	[ɔ 'an₁kɔmə me 'tɔge]
in den Zug einsteigen	å gå på toget	[ɔ 'gɔ pɔ 'tɔge]
aus dem Zug aussteigen	å gå av toget	[ɔ 'gɔ a: 'tɔge]
Zugunglück (n)	togulykke (m/n)	['tɔg ʉ'lʏkə]
entgleisen (vi)	å spore av	[ɔ 'spʉrə a:]
Dampflok (f)	damplokomotiv (n)	['damp lʉkɔmɔ'tiv]
Heizer (m)	fyrbøter (m)	['fyr₁bøtər]
Feuerbüchse (f)	fyrrom (n)	['fyr₁rʉm]
Kohle (f)	kull (n)	['kʉl]

107. Schiff

Schiff (n)	skip (n)	['ṣip]
Fahrzeug (n)	fartøy (n)	['fɑːˌtøj]
Dampfer (m)	dampskip (n)	['dampˌsip]
Motorschiff (n)	elvebåt (m)	['ɛlvəˌbɔt]
Kreuzfahrtschiff (n)	cruiseskip (n)	['krʉsˌṣip]
Kreuzer (m)	krysser (m)	['krʏsər]
Jacht (f)	jakt (m/f)	['jakt]
Schlepper (m)	bukserbåt (m)	[bʉk'serˌbɔt]
Lastkahn (m)	lastepram (m)	['lastəˌpram]
Fähre (f)	ferje, ferge (m/f)	['færjə], ['færgə]
Segelschiff (n)	seilbåt (n)	['sæjlˌbɔt]
Brigantine (f)	brigantin (m)	[brigɑn'tin]
Eisbrecher (m)	isbryter (m)	['isˌbrytər]
U-Boot (n)	ubåt (m)	['ʉːˌbɔt]
Boot (n)	båt (m)	['bɔt]
Dingi (n), Beiboot (n)	jolle (m/f)	['jɔlə]
Rettungsboot (n)	livbåt (m)	['livˌbɔt]
Motorboot (n)	motorbåt (m)	['mɔtʉrˌbɔt]
Kapitän (m)	kaptein (m)	[kap'tæjn]
Matrose (m)	matros (m)	[mɑ'trʉs]
Seemann (m)	sjømann (m)	['ṣøˌman]
Besatzung (f)	besetning (m/f)	[be'sɛtniŋ]
Bootsmann (m)	båtsmann (m)	['bɔsˌman]
Schiffsjunge (m)	skipsgutt, jungmann (m)	['ṣipsˌgʉt], ['jʉŋˌman]
Schiffskoch (m)	kokk (m)	['kʉk]
Schiffsarzt (m)	skipslege (m)	['ṣipsˌlegə]
Deck (n)	dekk (n)	['dɛk]
Mast (m)	mast (m/f)	['mast]
Segel (n)	seil (n)	['sæjl]
Schiffsraum (m)	lasterom (n)	['lastəˌrʉm]
Bug (m)	baug (m)	['bæu]
Heck (n)	akterende (m)	['aktəˌrɛnə]
Ruder (n)	åre (m)	['oːrə]
Schraube (f)	propell (m)	[prʉ'pɛl]
Kajüte (f)	hytte (m)	['hytə]
Messe (f)	offisersmesse (m/f)	[ɔfi'sɛrsˌmɛsə]
Maschinenraum (m)	maskinrom (n)	[mɑ'ṣinˌrʉm]
Kommandobrücke (f)	kommandobro (m/f)	[kɔ'mandʉˌbrʉ]
Funkraum (m)	radiorom (m)	['radiʉˌrʉm]
Radiowelle (f)	bølge (m)	['bølgə]
Schiffstagebuch (n)	loggbok (m/f)	['lɔgˌbʉk]
Fernrohr (n)	langkikkert (m)	['laŋˌkikeːt]
Glocke (f)	klokke (m/f)	['klɔkə]

Fahne (f)	flagg (n)	['flag]
Seil (n)	trosse (m/f)	['trʉsə]
Knoten (m)	knute (m)	['knʉtə]

| Geländer (n) | rekkverk (n) | ['rɛkˌværk] |
| Treppe (f) | landgang (m) | ['lanˌgaŋ] |

Anker (m)	anker (n)	['ankər]
den Anker lichten	å lette anker	[ɔ 'letə 'ankər]
Anker werfen	å kaste anker	[ɔ 'kastə 'ankər]
Ankerkette (f)	ankerkjetting (m)	['ankərˌçɛtiŋ]

Hafen (m)	havn (m/f)	['havn]
Anlegestelle (f)	kai (m/f)	['kaj]
anlegen (vi)	å fortøye	[ɔ fɔːˈtøjə]
abstoßen (vt)	å kaste loss	[ɔ 'kastə lɔs]

Reise (f)	reise (m/f)	['ræjsə]
Kreuzfahrt (f)	cruise (n)	['krʉs]
Kurs (m), Richtung (f)	kurs (m)	['kʉʂ]
Reiseroute (f)	rute (m/f)	['rʉtə]

Fahrwasser (n)	seilrende (m)	['sæjlˌrɛnə]
Untiefe (f)	grunne (m/f)	['grʉnə]
stranden (vi)	å gå på grunn	[ɔ 'gɔ pɔ 'grʉn]

Sturm (m)	storm (m)	['stɔrm]
Signal (n)	signal (n)	[siŋ'nal]
untergehen (vi)	å synke	[ɔ 'sʏnkə]
Mann über Bord!	Mann over bord!	['man ˌɔvər 'bʉr]
SOS	SOS (n)	[ɛsʉ'ɛs]
Rettungsring (m)	livbøye (m/f)	['livˌbøjə]

108. Flughafen

Flughafen (m)	flyplass (m)	['flyˌplas]
Flugzeug (n)	fly (n)	['fly]
Fluggesellschaft (f)	flyselskap (n)	['flysəlˌskap]
Fluglotse (m)	flygeleder (m)	['flygəˌledər]

Abflug (m)	avgang (m)	['avˌgaŋ]
Ankunft (f)	ankomst (m)	['anˌkɔmst]
anfliegen (vi)	å ankomme	[ɔ 'anˌkɔmə]

| Abflugzeit (f) | avgangstid (m/f) | ['avgaŋsˌtid] |
| Ankunftszeit (f) | ankomsttid (m/f) | [an'kɔmsˌtid] |

| sich verspäten | å bli forsinket | [ɔ 'bli fɔ'ʂinkət] |
| Abflugverspätung (f) | avgangsforsinkelse (m) | ['avgaŋs fɔ'ʂinkəlsə] |

Anzeigetafel (f)	informasjonstavle (m/f)	[infɔrma'ʂʉns ˌtavlə]
Information (f)	informasjon (m)	[infɔrma'ʂʉn]
ankündigen (vt)	å meddele	[ɔ 'mɛdˌdelə]
Flug (m)	fly (n)	['fly]

Zollamt (n)	toll (m)	['tɔl]
Zollbeamter (m)	tollbetjent (m)	['tɔlbeˌtjɛnt]
Zolldeklaration (f)	tolldeklarasjon (m)	['tɔldɛklɑrɑ'ʂʉn]
ausfüllen (vt)	å utfylle	[ɔ 'ʉtˌfʏlə]
die Zollerklärung ausfüllen	å utfylle en tolldeklarasjon	[ɔ 'ʉtˌfʏlə en 'tɔldɛklɑrɑˌʂʉn]
Passkontrolle (f)	passkontroll (m)	['pɑskʉnˌtrɔl]
Gepäck (n)	bagasje (m)	[bɑ'gɑʂə]
Handgepäck (n)	håndbagasje (m)	['hɔnˌbɑ'gɑʂə]
Kofferkuli (m)	bagasjetralle (m/f)	[bɑ'gɑʂəˌtrɑlə]
Landung (f)	landing (m)	['lɑniŋ]
Landebahn (f)	landingsbane (m)	['lɑniŋsˌbɑnə]
landen (vi)	å lande	[ɔ 'lɑnə]
Fluggasttreppe (f)	trapp (m/f)	['trɑp]
Check-in (n)	innsjekking (m/f)	['inˌʂɛkiŋ]
Check-in-Schalter (m)	innsjekkingsskranke (m)	['inˌʂɛkiŋsˌskrɑnkə]
sich registrieren lassen	å sjekke inn	[ɔ 'ʂɛkə in]
Bordkarte (f)	boardingkort (n)	['bɔːdiŋˌkɔːt]
Abfluggate (n)	gate (m/f)	['gejt]
Transit (m)	transitt (m)	[trɑn'sit]
warten (vi)	å vente	[ɔ 'vɛntə]
Wartesaal (m)	ventehall (m)	['vɛntəˌhɑl]
begleiten (vt)	å ta avskjed	[ɔ 'tɑ 'ɑfˌʂɛd]
sich verabschieden	å si farvel	[ɔ 'si fɑr'vɛl]

Lebensereignisse

109. Feiertage. Ereignis

Fest (n)	fest (m)	['fɛst]
Nationalfeiertag (m)	nasjonaldag (m)	[naʂu'nal,da]
Feiertag (m)	festdag (m)	['fɛst,da]
feiern (vt)	å feire	[ɔ 'fæjrə]
Ereignis (n)	begivenhet (m/f)	[be'jiven,het]
Veranstaltung (f)	evenement (n)	[ɛvenə'maŋ]
Bankett (n)	bankett (m)	[ban'kɛt]
Empfang (m)	resepsjon (m)	[resɛp'ʂun]
Festmahl (n)	fest (n)	['fɛst]
Jahrestag (m)	årsdag (m)	['oːʂ,da]
Jubiläumsfeier (f)	jubileum (n)	[jʉbi'leʉm]
begehen (vt)	å feire	[ɔ 'fæjrə]
Neujahr (n)	nytt år (n)	['nʏt ,oːr]
Frohes Neues Jahr!	Godt nytt år!	['gɔt nʏt ,oːr]
Weihnachtsmann (m)	Julenissen	['jʉlə,nisən]
Weihnachten (n)	Jul (m/f)	['jʉl]
Frohe Weihnachten!	Gledelig jul!	['gledəli 'jʉl]
Tannenbaum (m)	juletre (n)	['jʉlə,trɛ]
Feuerwerk (n)	fyrverkeri (n)	[,fyrværkə'ri]
Hochzeit (f)	bryllup (n)	['brʏlʉp]
Bräutigam (m)	brudgom (m)	['brʉd,gɔm]
Braut (f)	brud (m/f)	['brʉd]
einladen (vt)	å innby, å invitere	[ɔ 'inby], [ɔ invi'terə]
Einladung (f)	innbydelse (m)	[in'bydəlse]
Gast (m)	gjest (m)	['jɛst]
besuchen (vt)	å besøke	[ɔ be'søkə]
Gäste empfangen	å hilse på gjestene	[ɔ 'hilsə pɔ 'jɛstənə]
Geschenk (n)	gave (m/f)	['gavə]
schenken (vt)	å gi	[ɔ 'ji]
Geschenke bekommen	å få gaver	[ɔ 'fɔ 'gavər]
Blumenstrauß (m)	bukett (m)	[bʉ'kɛt]
Glückwunsch (m)	lykkønskning (m/f)	['lʏk,ønskniŋ]
gratulieren (vi)	å gratulere	[ɔ gratʉ'lerə]
Glückwunschkarte (f)	gratulasjonskort (n)	[gratʉla'ʂuns,kɔːt]
eine Karte abschicken	å sende postkort	[ɔ 'sɛnə 'pɔst,kɔːt]
eine Karte erhalten	å få postkort	[ɔ 'fɔ 'pɔst,kɔːt]

Trinkspruch (m)	skål (m/f)	['skɔl]
anbieten (vt)	å tilby	[ɔ 'tilby]
Champagner (m)	champagne (m)	[ʂam'panjə]

sich amüsieren	å more seg	[ɔ 'mʉrə sæj]
Fröhlichkeit (f)	munterhet (m)	['mʉntərˌhet]
Freude (f)	glede (m/f)	['glede]

| Tanz (m) | dans (m) | ['dans] |
| tanzen (vi, vt) | å danse | [ɔ 'dansə] |

| Walzer (m) | vals (m) | ['vals] |
| Tango (m) | tango (m) | ['taŋgʉ] |

110. Bestattungen. Begräbnis

Friedhof (m)	gravplass, kirkegård (m)	['gravˌplas], ['çirkəˌgɔːr]
Grab (n)	grav (m)	['grav]
Kreuz (n)	kors (n)	['kɔːʂ]
Grabstein (m)	gravstein (m)	['grafˌstæjn]
Zaun (m)	gjerde (n)	['jærə]
Kapelle (f)	kapell (n)	[ka'pɛl]

Tod (m)	død (m)	['dø]
sterben (vi)	å dø	[ɔ 'dø]
Verstorbene (m)	den avdøde	[den 'avˌdødə]
Trauer (f)	sorg (m/f)	['sɔr]

begraben (vt)	å begrave	[ɔ be'gravə]
Bestattungsinstitut (n)	begravelsesbyrå (n)	[be'gravəlsəs byˌro]
Begräbnis (n)	begravelse (m)	[be'gravəlsə]

Kranz (m)	krans (m)	['krans]
Sarg (m)	likkiste (m/f)	['likˌçistə]
Katafalk (m)	likbil (m)	['likˌbil]
Totenhemd (n)	likklede (n)	['likˌkledə]

Trauerzug (m)	gravfølge (n)	['gravˌfølgə]
Urne (f)	askeurne (m/f)	['askəˌʉːnə]
Krematorium (n)	krematorium (n)	[krɛma'tʉrium]

Nachruf (m)	nekrolog (m)	[nekrʉ'lɔg]
weinen (vi)	å gråte	[ɔ 'groːtə]
schluchzen (vi)	å hulke	[ɔ 'hʉlkə]

111. Krieg. Soldaten

Zug (m)	tropp (m)	['trɔp]
Kompanie (f)	kompani (n)	[kʉmpa'ni]
Regiment (n)	regiment (n)	[rɛgi'mɛnt]
Armee (f)	hær (m)	['hær]
Division (f)	divisjon (m)	[divi'ʂʉn]

| Abteilung (f) | tropp (m) | ['trɔp] |
| Heer (n) | hær (m) | ['hær] |

| Soldat (m) | soldat (m) | [sʊl'dɑt] |
| Offizier (m) | offiser (m) | [ɔfi'sɛr] |

Soldat (m)	menig (m)	['meni]
Feldwebel (m)	sersjant (m)	[sær'ʂɑnt]
Leutnant (m)	løytnant (m)	['løjt‚nɑnt]
Hauptmann (m)	kaptein (m)	[kɑp'tæjn]
Major (m)	major (m)	[mɑ'jɔr]
Oberst (m)	oberst (m)	['ʊbɛst]
General (m)	general (m)	[gene'rɑl]

Matrose (m)	sjømann (m)	['ʂø‚mɑn]
Kapitän (m)	kaptein (m)	[kɑp'tæjn]
Bootsmann (m)	båtsmann (m)	['bɔs‚mɑn]

Artillerist (m)	artillerist (m)	[‚ɑːtile'rist]
Fallschirmjäger (m)	fallskjermjeger (m)	['fɑl‚ʂærm 'jɛːgər]
Pilot (m)	flyger, flyver (m)	['flygər], ['flyvər]
Steuermann (m)	styrmann (m)	['styr‚mɑn]
Mechaniker (m)	mekaniker (m)	[me'kɑnikər]

Pionier (m)	pioner (m)	[piʊ'ner]
Fallschirmspringer (m)	fallskjermhopper (m)	['fɑl‚ʂærm 'hɔpər]
Aufklärer (m)	oppklaringssoldat (m)	['ɔp‚klɑriŋ sʊl'dɑt]
Scharfschütze (m)	skarpskytte (m)	['skɑrp‚ʂytə]
Patrouille (f)	patrulje (f)	[pɑ'trʉlje]
patrouillieren (vi)	å patruljere	[ɔ pɑtrʉ'ljerə]
Wache (f)	vakt (m)	['vɑkt]

Krieger (m)	kriger (m)	['krigər]
Patriot (m)	patriot (m)	[pɑtri'ɔt]
Held (m)	helt (m)	['hɛlt]
Heldin (f)	heltinne (m)	['hɛlt‚inə]

Verräter (m)	forræder (m)	[fɔ'ræːdər]
verraten (vt)	å forråde	[ɔ fɔ'rɔːdə]
Deserteur (m)	desertør (m)	[desæː'tør]
desertieren (vi)	å desertere	[ɔ desæː'tːerə]

Söldner (m)	leiesoldat (m)	['læjəsʊl‚dɑt]
Rekrut (m)	rekrutt (m)	[re'krʉt]
Freiwillige (m)	frivillig (m)	['fri‚vili]

Getoetete (m)	drept (m)	['drɛpt]
Verwundete (m)	såret (m)	['soːrə]
Kriegsgefangene (m)	fange (m)	['fɑŋə]

112. Krieg. Militärische Aktionen. Teil 1

| Krieg (m) | krig (m) | ['krig] |
| Krieg führen | å være i krig | [ɔ 'værə i ‚krig] |

Bürgerkrieg (m)	borgerkrig (m)	['bɔrɡərˌkriɡ]
heimtückisch (Adv)	lumsk, forræderisk	['lʉmsk], [fɔ'rædərisk]
Kriegserklärung (f)	krigserklæring (m)	['krigs ærˌklæriŋ]
erklären (den Krieg ~)	å erklære	[ɔ ær'klærə]
Aggression (f)	aggresjon (m)	[ɑɡre'ʂʉn]
einfallen (Staat usw.)	å angripe	[ɔ 'ɑnˌɡripə]
einfallen (in ein Land ~)	å invadere	[ɔ invɑ'derə]
Invasoren (pl)	angriper (m)	['ɑnˌɡripər]
Eroberer (m), Sieger (m)	erobrer (m)	[ɛ'rʉbrər]
Verteidigung (f)	forsvar (n)	['fʉˌʂvɑr]
verteidigen (vt)	å forsvare	[ɔ fɔ'ʂvɑrə]
sich verteidigen	å forsvare seg	[ɔ fɔ'ʂvɑrə sæj]
Feind (m)	fiende (m)	['fiɛndə]
Gegner (m)	motstander (m)	['mʉtˌstɑnər]
Feind-	fiendtlig	['fjɛntli]
Strategie (f)	strategi (m)	[strɑte'ɡi]
Taktik (f)	taktikk (m)	[tɑk'tik]
Befehl (m)	ordre (m)	['ɔrdrə]
Anordnung (f)	ordre, kommando (m/f)	['ɔrdrə], [kʉ'mɑndʉ]
befehlen (vt)	å beordre	[ɔ be'ɔrdrə]
Auftrag (m)	oppdrag (m)	['ɔpdrɑɡ]
geheim (Adj)	hemmelig	['hɛməli]
Gefecht (n)	batalje (m)	[bɑ'tɑljə]
Schlacht (f)	slag (n)	['ʂlɑɡ]
Kampf (m)	kamp (m)	['kɑmp]
Angriff (m)	angrep (n)	['ɑnˌɡrɛp]
Sturm (m)	storm (m)	['stɔrm]
stürmen (vt)	å storme	[ɔ 'stɔrmə]
Belagerung (f)	beleiring (m/f)	[be'læjriŋ]
Angriff (m)	offensiv (m), angrep (n)	['ɔfenˌsif], ['ɑnˌɡrɛp]
angreifen (vt)	å angripe	[ɔ 'ɑnˌɡripə]
Rückzug (m)	retrett (m)	[rɛ'trɛt]
sich zurückziehen	å retirere	[ɔ reti'rerə]
Einkesselung (f)	omringing (m/f)	['ɔmˌriŋiŋ]
einkesseln (vt)	å omringe	[ɔ 'ɔmˌriŋə]
Bombenangriff (m)	bombing (m/f)	['bʉmbiŋ]
eine Bombe abwerfen	å slippe bombe	[ɔ 'ʂlipə 'bʉmbə]
bombardieren (vt)	å bombardere	[ɔ bʉmbɑ:'derə]
Explosion (f)	eksplosjon (m)	[ɛksplʉ'ʂʉn]
Schuss (m)	skudd (n)	['skʉd]
schießen (vt)	å skyte av	[ɔ 'ʂytə ɑ:]
Schießerei (f)	skytning (m/f)	['ʂytniŋ]
zielen auf ...	å sikte på ...	[ɔ 'sikte pɔ ...]
richten (die Waffe)	å rette	[ɔ 'rɛtə]

treffen (ins Schwarze ~)	å treffe	[ɔ 'trɛfə]
versenken (vt)	å senke	[ɔ 'sɛnkə]
Loch (im Schiffsrumpf)	hull (n)	['hʉl]
versinken (Schiff)	å synke	[ɔ 'sʏnkə]
Front (f)	front (m)	['frɔnt]
Evakuierung (f)	evakuering (m/f)	[ɛvakʉ'eriŋ]
evakuieren (vt)	å evakuere	[ɔ ɛvakʉ'erə]
Schützengraben (m)	skyttergrav (m)	['ṣytə‚grav]
Stacheldraht (m)	piggtråd (m)	['pig‚trɔd]
Sperre (z.B. Panzersperre)	hinder (n), sperring (m/f)	['hindər], ['spɛriŋ]
Wachtturm (m)	vakttårn (n)	['vakt‚tɔːn]
Lazarett (n)	militærsykehus (n)	[mili'tær‚sykə'hʉs]
verwunden (vt)	å såre	[ɔ 'soːrə]
Wunde (f)	sår (n)	['sɔr]
Verwundete (m)	såret (n)	['soːrə]
verletzt sein	å bli såret	[ɔ 'bli 'soːrət]
schwer (-e Verletzung)	alvorlig	[al'vɔː‚li]

113. Krieg. Militärische Aktionen. Teil 2

Gefangenschaft (f)	fangeskap (n)	['faŋə‚skap]
gefangen nehmen (vt)	å ta til fange	[ɔ 'ta til 'faŋə]
in Gefangenschaft sein	å være i fangeskap	[ɔ 'være i 'faŋə‚skap]
in Gefangenschaft geraten	å bli tatt til fange	[ɔ 'bli tat til 'faŋə]
Konzentrationslager (n)	konsentrasjonsleir (m)	[kʉnsəntra'ṣʉns‚læjr]
Kriegsgefangene (m)	fange (m)	['faŋə]
fliehen (vi)	å flykte	[ɔ 'flʏktə]
verraten (vt)	å forråde	[ɔ fɔ'rɔːdə]
Verräter (m)	forræder (m)	[fɔ'rædər]
Verrat (m)	forræderi (n)	[fɔrædə'ri]
erschießen (vt)	å henrette ved skyting	[ɔ 'hɛn‚rɛtə ve 'ṣytiŋ]
Erschießung (f)	skyting (m/f)	['ṣytiŋ]
Ausrüstung (persönliche ~)	mundering (m/f)	[mʉn'dɛriŋ]
Schulterstück (n)	skulderklaff (m)	['skʉldər‚klaf]
Gasmaske (f)	gassmaske (m/f)	['gas‚maskə]
Funkgerät (n)	feltradio (m)	['fɛlt‚radiʉ]
Chiffre (f)	chiffer (n)	['ṣifər]
Geheimhaltung (f)	hemmeligholdelse (m)	['hɛmeli‚hɔləlsə]
Kennwort (n)	passord (n)	['pas‚uːr]
Mine (f)	mine (m/f)	['minə]
Minen legen	å minelegge	[ɔ 'minə‚legə]
Minenfeld (n)	minefelt (n)	['minə‚fɛlt]
Luftalarm (m)	flyalarm (m)	['fly a'larm]
Alarm (m)	alarm (m)	[a'larm]

Signal (n)	signal (n)	[siŋ'nal]
Signalrakete (f)	signalrakett (m)	[siŋ'nal ra'kɛt]
Hauptquartier (n)	stab (m)	['stab]
Aufklärung (f)	oppklaring (m/f)	['ɔpˌklariŋ]
Lage (f)	situasjon (m)	[sitʉa'ʂʊn]
Bericht (m)	rapport (m)	[ra'pɔːt]
Hinterhalt (m)	bakhold (n)	['bakˌhɔl]
Verstärkung (f)	forsterkning (m/f)	[fɔ'ʂtærkniŋ]
Zielscheibe (f)	mål (n)	['mol]
Schießplatz (m)	skytefelt (n)	['ʂyteˌfɛlt]
Manöver (n)	manøverer (m pl)	[ma'nøvər]
Panik (f)	panikk (m)	[pa'nik]
Verwüstung (f)	ødeleggelse (m)	['ødeˌlegəlsə]
Trümmer (pl)	ruiner (m pl)	[rʉ'inər]
zerstören (vt)	å ødelegge	[ɔ 'ødeˌlegə]
überleben (vi)	å overleve	[ɔ 'ɔveˌlevə]
entwaffnen (vt)	å avvæpne	[ɔ 'avˌvæpnə]
handhaben (vt)	å handtere	[ɔ han'terə]
Stillgestanden!	Rett! | Gi-akt!	['rɛt], ['jiː'akt]
Rühren!	Hvil!	['vil]
Heldentat (f)	bedrift (m)	[be'drift]
Eid (m), Schwur (m)	ed (m)	['ɛd]
schwören (vi, vt)	å sverge	[ɔ 'sværgə]
Lohn (Orden, Medaille)	belønning (m/f)	[be'lœniŋ]
auszeichnen (mit Orden)	å belønne	[ɔ be'lœnə]
Medaille (f)	medalje (m)	[me'daljə]
Orden (m)	orden (m)	['ɔrdən]
Sieg (m)	seier (m)	['sæjər]
Niederlage (f)	nederlag (n)	['nedeˌlag]
Waffenstillstand (m)	våpenhvile (m)	['vɔpenˌvilə]
Fahne (f)	fane (m)	['fanə]
Ruhm (m)	berømmelse (m)	[be'rœmelsə]
Parade (f)	parade (m)	[pa'radə]
marschieren (vi)	å marsjere	[ɔ ma'ʂerə]

114. Waffen

Waffe (f)	våpen (n)	['vɔpən]
Schusswaffe (f)	skytevåpen (n)	['ʂyteˌvɔpən]
blanke Waffe (f)	blankvåpen (n)	['blankˌvɔpən]
chemischen Waffen (pl)	kjemisk våpen (n)	['çemisk ˌvɔpən]
Kern-, Atom-	kjerne-	['çæːŋə-]
Kernwaffe (f)	kjernevåpen (n)	['çæːŋəˌvɔpən]
Bombe (f)	bombe (m)	['bumbə]

Atombombe (f)	atombombe (m)	[ɑˈtʊmˌbʊmbə]
Pistole (f)	pistol (m)	[piˈstʊl]
Gewehr (n)	gevær (n)	[geˈvær]
Maschinenpistole (f)	maskinpistol (m)	[mɑˈşin piˌstʊl]
Maschinengewehr (n)	maskingevær (n)	[mɑˈşin geˌvær]
Mündung (f)	munning (m)	[ˈmʉniŋ]
Lauf (Gewehr-)	løp (n)	[ˈløp]
Kaliber (n)	kaliber (m/n)	[kɑˈlibər]
Abzug (m)	avtrekker (m)	[ˈɑvˌtrɛkər]
Visier (n)	sikte (n)	[ˈsiktə]
Magazin (n)	magasin (n)	[mɑgɑˈsin]
Kolben (m)	kolbe (m)	[ˈkɔlbə]
Handgranate (f)	håndgranat (m)	[ˈhɔnˌgrɑˈnɑt]
Sprengstoff (m)	sprengstoff (n)	[ˈsprɛŋˌstɔf]
Kugel (f)	kule (m/f)	[ˈkʉːlə]
Patrone (f)	patron (m)	[pɑˈtrʊn]
Ladung (f)	ladning (m)	[ˈlɑdniŋ]
Munition (f)	ammunisjon (m)	[ɑmʉniˈşʊn]
Bomber (m)	bombefly (n)	[ˈbʊmbəˌfly]
Kampfflugzeug (n)	jagerfly (n)	[ˈjɑgərˌfly]
Hubschrauber (m)	helikopter (n)	[heliˈkɔptər]
Flugabwehrkanone (f)	luftvernkanon (m)	[ˈlʉftvɛːŋ kɑˈnʊn]
Panzer (m)	stridsvogn (m/f)	[ˈstridsˌvɔŋn]
Panzerkanone (f)	kanon (m)	[kɑˈnʊn]
Artillerie (f)	artilleri (n)	[ˌɑːtileˈri]
Kanone (f)	kanon (m)	[kɑˈnʊn]
richten (die Waffe)	å rette	[ɔ ˈrɛtə]
Geschoß (n)	projektil (m)	[prʊekˈtil]
Wurfgranate (f)	granat (m/f)	[grɑˈnɑt]
Granatwerfer (m)	granatkaster (m)	[grɑˈnɑtˌkɑstər]
Splitter (m)	splint (m)	[ˈsplint]
U-Boot (n)	ubåt (m)	[ˈʉːˌbɔt]
Torpedo (m)	torpedo (m)	[tʊrˈpedʊ]
Rakete (f)	rakett (m)	[rɑˈkɛt]
laden (Gewehr)	å lade	[ɔ ˈlɑdə]
schießen (vi)	å skyte	[ɔ ˈşytə]
zielen auf ...	å sikte på ...	[ɔ ˈsiktə pɔ ...]
Bajonett (n)	bajonett (m)	[bɑjoˈnɛt]
Degen (m)	kårde (m)	[ˈkoːrdə]
Säbel (m)	sabel (m)	[ˈsɑbəl]
Speer (m)	spyd (n)	[ˈspyd]
Bogen (m)	bue (m)	[ˈbʉːə]
Pfeil (m)	pil (m/f)	[ˈpil]
Muskete (f)	muskett (m)	[mʉˈskɛt]
Armbrust (f)	armbrøst (m)	[ˈɑrmˌbrøst]

115. Menschen der Antike

vorzeitlich	ur-	['ʉr-]
prähistorisch	forhistorisk	['fɔrhiˌstʉrisk]
alt (antik)	oldtidens, antikkens	['ɔlˌtidəns], [anˈtikəns]
Steinzeit (f)	Steinalderen	['stæjnˌalderən]
Bronzezeit (f)	bronsealder (m)	['brɔnsəˌaldər]
Eiszeit (f)	istid (m/f)	['isˌtid]
Stamm (m)	stamme (m)	['stamə]
Kannibale (m)	kannibal (m)	[kaniˈbal]
Jäger (m)	jeger (m)	['jɛːgər]
jagen (vi)	å jage	[ɔ 'jagə]
Mammut (n)	mammut (m)	['mamʉt]
Höhle (f)	grotte (m/f)	['grɔtə]
Feuer (n)	ild (m)	['il]
Lagerfeuer (n)	bål (n)	['bɔl]
Höhlenmalerei (f)	helleristning (m/f)	['hɛləˌristniŋ]
Werkzeug (n)	redskap (m/n)	['rɛdˌskap]
Speer (m)	spyd (n)	['spyd]
Steinbeil (n), Steinaxt (f)	steinøks (m/f)	['stæjnˌøks]
Krieg führen	å være i krig	[ɔ 'være i ˌkrig]
domestizieren (vt)	å temme	[ɔ 'tɛmə]
Idol (n)	idol (n)	[iˈdʉl]
anbeten (vt)	å dyrke	[ɔ 'dyrkə]
Aberglaube (m)	overtro (m)	['ɔvəˌtrʉ]
Brauch (m), Ritus (m)	ritual (n)	[ritʉˈal]
Evolution (f)	evolusjon (m)	[ɛvɔlʉˈʂun]
Entwicklung (f)	utvikling (m/f)	['ʉtˌvikliŋ]
Verschwinden (n)	forsvinning (m/f)	[fɔˈʂviniŋ]
sich anpassen	å tilpasse seg	[ɔ 'tilˌpasə sæj]
Archäologie (f)	arkeologi (m)	[ˌarkeʉlʉˈgi]
Archäologe (m)	arkeolog (m)	[ˌarkeʉˈlɔg]
archäologisch	arkeologisk	[ˌarkeʉˈlɔgisk]
Ausgrabungsstätte (f)	utgravingssted (n)	['ʉtˌgraviŋs ˌsted]
Ausgrabungen (pl)	utgravinger (m/f pl)	['ʉtˌgraviŋər]
Fund (m)	funn (n)	['fʉn]
Fragment (n)	fragment (n)	[fragˈmɛnt]

116. Mittelalter

Volk (n)	folk (n)	['fɔlk]
Völker (pl)	folk (n pl)	['fɔlk]
Stamm (m)	stamme (m)	['stamə]
Stämme (pl)	stammer (m pl)	['stamər]
Barbaren (pl)	barbarer (m pl)	[barˈbarər]

Gallier (pl)	gallere (m pl)	['galere]
Goten (pl)	gotere (m pl)	['gɔterə]
Slawen (pl)	slavere (m pl)	['slavɛrə]
Wikinger (pl)	vikinger (m pl)	['vikiŋər]

| Römer (pl) | romere (m pl) | ['rʊmerə] |
| römisch | romersk | ['rʊmæşk] |

Byzantiner (pl)	bysantiner (m pl)	[bysɑn'tinər]
Byzanz (n)	Bysants	[by'sɑnts]
byzantinisch	bysantinsk	[bysɑn'tinsk]

Kaiser (m)	keiser (m)	['kæjsər]
Häuptling (m)	høvding (m)	['høvdiŋ]
mächtig (Kaiser usw.)	mektig	['mɛkti]
König (m)	konge (m)	['kʊŋə]
Herrscher (Monarch)	hersker (m)	['hæşkər]

Ritter (m)	ridder (m)	['ridər]
Feudalherr (m)	føydalherre (m)	['føjdɑl,hɛrə]
feudal, Feudal-	føydal	['føjdɑl]
Vasall (m)	vasall (m)	[vɑ'sɑl]

Herzog (m)	hertug (m)	['hæːtʉg]
Graf (m)	greve (m)	['grevə]
Baron (m)	baron (m)	[bɑ'rʊn]
Bischof (m)	biskop (m)	['biskɔp]

Rüstung (f)	rustning (m/f)	['rʉstniŋ]
Schild (m)	skjold (n)	['şɔl]
Schwert (n)	sverd (n)	['svæʳd]
Visier (n)	visir (n)	[vi'sir]
Panzerhemd (n)	ringbrynje (m/f)	['riŋ,brynje]

| Kreuzzug (m) | korstog (n) | ['kɔːş,tɔg] |
| Kreuzritter (m) | korsfarer (m) | ['kɔːş,farər] |

Territorium (n)	territorium (n)	[tɛri'tʊrium]
einfallen (vt)	å angripe	[ɔ 'ɑn,gripə]
erobern (vt)	å erobre	[ɔ ɛ'rʉbrə]
besetzen (Land usw.)	å okkupere	[ɔ ɔkʉ'perə]

Belagerung (f)	beleiring (m/f)	[be'læjriŋ]
belagert	beleiret	[be'læjrət]
belagern (vt)	å beleire	[ɔ be'læjre]

Inquisition (f)	inkvisisjon (m)	[inkvisi'şʊn]
Inquisitor (m)	inkvisitor (m)	[inkvi'sitʊr]
Folter (f)	tortur (m)	[tɔː'tʉr]
grausam (-e Folter)	brutal	[brʉ'tɑl]
Häretiker (m)	kjetter (m)	['çɛtər]
Häresie (f)	kjetteri (n)	[çɛtə'ri]

Seefahrt (f)	sjøfart (m)	['şø,fɑːʈ]
Seeräuber (m)	pirat, sjørøver (m)	['pi'rɑt], ['şø,røvər]
Seeräuberei (f)	sjøroveri (n)	['şø røvɛ'ri]

Enterung (f)	entring (m/f)	['ɛntriŋ]
Beute (f)	bytte (n)	['bʏtə]
Schätze (pl)	skatter (m pl)	['skatər]
Entdeckung (f)	oppdagelse (m)	['ɔp‚dagəlsə]
entdecken (vt)	å oppdage	[ɔ 'ɔp‚dagə]
Expedition (f)	ekspedisjon (m)	[ɛkspedi'ʂʊn]
Musketier (m)	musketer (m)	[mʉskə'ter]
Kardinal (m)	kardinal (m)	[kɑː'ɖi'nɑl]
Heraldik (f)	heraldikk (m)	[herɑl'dik]
heraldisch	heraldisk	[he'rɑldisk]

117. Führungspersonen. Chef. Behörden

König (m)	konge (m)	['kʊŋə]
Königin (f)	dronning (m/f)	['drɔniŋ]
königlich	kongelig	['kʊŋəli]
Königreich (n)	kongerike (n)	['kʊŋə‚rikə]
Prinz (m)	prins (m)	['prins]
Prinzessin (f)	prinsesse (m/f)	[prin'sɛsə]
Präsident (m)	president (m)	[prɛsi'dɛnt]
Vizepräsident (m)	visepresident (m)	['visə prɛsi'dɛnt]
Senator (m)	senator (m)	[se'nɑtʊr]
Monarch (m)	monark (m)	[mʊ'nɑrk]
Herrscher (m)	hersker (m)	['hæʂkər]
Diktator (m)	diktator (m)	[dik'tɑtʊr]
Tyrann (m)	tyrann (m)	[ty'rɑn]
Magnat (m)	magnat (m)	[mɑŋ'nɑt]
Direktor (m)	direktør (m)	[dirɛk'tør]
Chef (m)	sjef (m)	['ʂɛf]
Leiter (einer Abteilung)	forstander (m)	[fɔ'ʂtɑndər]
Boss (m)	boss (m)	['bɔs]
Eigentümer (m)	eier (m)	['æjər]
Führer (m)	leder (m)	['ledər]
Leiter (Delegations-)	leder (m)	['ledər]
Behörden (pl)	myndigheter (m pl)	['mʏndi‚hetər]
Vorgesetzten (pl)	overordnede (pl)	['ovər‚ɔrdnedə]
Gouverneur (m)	guvernør (m)	[gʉver'nør]
Konsul (m)	konsul (m)	['kʊn‚sʉl]
Diplomat (m)	diplomat (m)	[diplʉ'mɑt]
Bürgermeister (m)	borgermester (m)	[bɔrgər'mɛstər]
Sheriff (m)	sheriff (m)	[ʂɛ'rif]
Kaiser (m)	keiser (m)	['kæjsər]
Zar (m)	tsar (m)	['tsɑr]
Pharao (m)	farao (m)	['fɑrɑu]
Khan (m)	khan (m)	['kɑn]

118. Gesetzesverstoß Verbrecher. Teil 1

Bandit (m)	banditt (m)	[bɑnˈdit]
Verbrechen (n)	forbrytelse (m)	[fɔrˈbrytəlsə]
Verbrecher (m)	forbryter (m)	[fɔrˈbrytər]

| Dieb (m) | tyv (m) | [ˈtyv] |
| stehlen (vt) | å stjele | [ɔ ˈstjelə] |

kidnappen (vt)	å kidnappe	[ɔ ˈkidˌnɛpə]
Kidnapping (n)	kidnapping (m)	[ˈkidˌnɛpiŋ]
Kidnapper (m)	kidnapper (m)	[ˈkidˌnɛpər]

| Lösegeld (n) | løsepenger (m pl) | [ˈløsəˌpɛŋər] |
| Lösegeld verlangen | å kreve løsepenger | [ɔ ˈkrevə ˈløsəˌpɛŋər] |

rauben (vt)	å rane	[ɔ ˈrɑnə]
Raub (m)	ran (n)	[ˈrɑn]
Räuber (m)	raner (m)	[ˈrɑnər]

erpressen (vt)	å presse ut	[ɔ ˈprɛsə ʉt]
Erpresser (m)	utpresser (m)	[ˈʉtˌprɛsər]
Erpressung (f)	utpressing (m/f)	[ˈʉtˌprɛsiŋ]

morden (vt)	å myrde	[ɔ ˈmʏːdə]
Mord (m)	mord (n)	[ˈmʊr]
Mörder (m)	morder (m)	[ˈmʊrdər]

Schuss (m)	skudd (n)	[ˈskʉd]
schießen (vt)	å skyte av	[ɔ ˈʂytə ɑː]
erschießen (vt)	å skyte ned	[ɔ ˈʂytə ne]
feuern (vi)	å skyte	[ɔ ˈʂytə]
Schießerei (f)	skyting, skytning (m/f)	[ˈʂytiŋ], [ˈʂytniŋ]

Vorfall (m)	hendelse (m)	[ˈhɛndəlsə]
Schlägerei (f)	slagsmål (n)	[ˈʂlɑksˌmol]
Hilfe!	Hjelp!	[ˈjɛlp]
Opfer (n)	offer (n)	[ˈɔfər]

beschädigen (vt)	å skade	[ɔ ˈskɑdə]
Schaden (m)	skade (m)	[ˈskɑdə]
Leiche (f)	lik (n)	[ˈlik]
schwer (-es Verbrechen)	alvorlig	[alˈvɔːli̯]

angreifen (vt)	å anfalle	[ɔ ˈɑnˌfɑlə]
schlagen (vt)	å slå	[ɔ ˈʂlɔ]
verprügeln (vt)	å klå opp	[ɔ ˈklɔ ɔp]
wegnehmen (vt)	å berøve	[ɔ beˈrøvə]
erstechen (vt)	å stikke i hjel	[ɔ ˈstikə i ˈjel]
verstümmeln (vt)	å lemleste	[ɔ ˈlemˌlestə]
verwunden (vt)	å såre	[ɔ ˈsoːrə]

Erpressung (f)	utpressing (m/f)	[ˈʉtˌprɛsiŋ]
erpressen (vt)	å utpresse	[ɔ ˈʉtˌprɛsə]
Erpresser (m)	utpresser (m)	[ˈʉtˌprɛsər]

Schutzgelderpressung (f)	utpressing (m/f)	['ʉtˌprɛsiŋ]
Erpresser (Racketeer)	utpresser (m)	['ʉtˌprɛsər]
Gangster (m)	gangster (m)	['gɛŋstər]
Mafia (f)	mafia (m)	['mafia]

Taschendieb (m)	lommetyv (m)	['lʊməˌtyv]
Einbrecher (m)	innbruddstyv (m)	['inbrʉdsˌtyv]
Schmuggel (m)	smugling (m/f)	['smʉgliŋ]
Schmuggler (m)	smugler (m)	['smʉglər]

Fälschung (f)	forfalskning (m/f)	[fɔr'falskniŋ]
fälschen (vt)	å forfalske	[ɔ fɔr'falskə]
gefälscht	falsk	['falsk]

119. Gesetzesbruch. Verbrecher. Teil 2

Vergewaltigung (f)	voldtekt (m)	['vɔlˌtɛkt]
vergewaltigen (vt)	å voldta	[ɔ 'vɔlˌta]
Gewalttäter (m)	voldtektsmann (m)	['vɔlˌtɛkts man]
Besessene (m)	maniker (m)	['manikər]

Prostituierte (f)	prostituert (m)	[prʊstitʉ'eːt]
Prostitution (f)	prostitusjon (m)	[prʊstitʉ'ʂʊn]
Zuhälter (m)	hallik (m)	['halik]

| Drogenabhängiger (m) | narkoman (m) | [narkʊ'man] |
| Drogenhändler (m) | narkolanger (m) | ['narkɔˌlaŋər] |

sprengen (vt)	å sprenge	[ɔ 'sprɛŋə]
Explosion (f)	eksplosjon (m)	[ɛksplʊ'ʂʊn]
in Brand stecken	å sette fyr	[ɔ 'sɛtə ˌfyr]
Brandstifter (m)	brannstifter (m)	['branˌstiftər]

Terrorismus (m)	terrorisme (m)	[tɛrʊ'rismə]
Terrorist (m)	terrorist (m)	[tɛrʊ'rist]
Geisel (m, f)	gissel (m)	['jisəl]

betrügen (vt)	å bedra	[ɔ be'dra]
Betrug (m)	bedrag (n)	[be'drag]
Betrüger (m)	bedrager, svindler (m)	[be'dragər], ['svindlər]

bestechen (vt)	å bestikke	[ɔ be'stikə]
Bestechlichkeit (f)	bestikkelse (m)	[be'stikəlsə]
Bestechungsgeld (n)	bestikkelse (m)	[be'stikəlsə]

Gift (n)	gift (m/f)	['jift]
vergiften (vt)	å forgifte	[ɔ for'jiftə]
sich vergiften	å forgifte seg selv	[ɔ for'jiftə sæj sɛl]

| Selbstmord (m) | selvmord (n) | ['sɛlˌmʊr] |
| Selbstmörder (m) | selvmorder (m) | ['sɛlˌmʊrdər] |

| drohen (vi) | å true | [ɔ 'trʉə] |
| Drohung (f) | trussel (m) | ['trʉsəl] |

versuchen (vt)	å begå mordforsøk	[ɔ be'gɔ 'mʊrdfɔˌsøk]
Attentat (n)	mordforsøk (n)	['mʊrdfɔˌsøk]
stehlen (Auto ~)	å stjele	[ɔ 'stjelə]
entführen (Flugzeug ~)	å kapre	[ɔ 'kaprə]
Rache (f)	hevn (m)	['hɛvn]
sich rächen	å hevne	[ɔ 'hɛvnə]
foltern (vt)	å torturere	[ɔ tɔ:[tʉ'rerə]
Folter (f)	tortur (m)	[tɔ:'tʉr]
quälen (vt)	å plage	[ɔ 'plagə]
Seeräuber (m)	pirat, sjørøver (m)	['pi'rat], ['ʂøˌrøvər]
Rowdy (m)	bølle (m)	['bølə]
bewaffnet	bevæpnet	[be'væpnət]
Gewalt (f)	vold (m)	['vɔl]
ungesetzlich	illegal	['ileˌgal]
Spionage (f)	spionasje (m)	[spiʉ'naʂə]
spionieren (vi)	å spionere	[ɔ spiʉ'nerə]

120. Polizei Recht. Teil 1

Justiz (f)	justis (m), rettspleie (m/f)	['jʉ'stis], ['rɛtsˌplæjə]
Gericht (n)	rettssal (m)	['rɛtsˌsal]
Richter (m)	dommer (m)	['dɔmər]
Geschworenen (pl)	lagrettemedlemmer (n pl)	['lagˌrɛtə medle'mer]
Geschworenengericht (n)	lagrette, juryordning (m)	['lagˌrɛtə], ['jʉriˌɔrdniŋ]
richten (vt)	å dømme	[ɔ 'dœmə]
Rechtsanwalt (m)	advokat (m)	[advʊ'kat]
Angeklagte (m)	anklaget (m)	['anˌklaget]
Anklagebank (f)	anklagebenk (m)	[an'klagəˌbɛnk]
Anklage (f)	anklage (m)	['anˌklagə]
Beschuldigte (m)	anklagede (m)	['anˌklagedə]
Urteil (n)	dom (m)	['dɔm]
verurteilen (vt)	å dømme	[ɔ 'dœmə]
Schuldige (m)	skyldige (m)	['ʂyldiə]
bestrafen (vt)	å straffe	[ɔ 'strafə]
Strafe (f)	straff, avstraffelse (m)	['straf], ['afˌstrafəlsə]
Geldstrafe (f)	bot (m/f)	['bʊt]
lebenslange Haft (f)	livsvarig fengsel (n)	['lifsˌvari 'fɛŋsəl]
Todesstrafe (f)	dødsstraff (m/f)	['dødˌstraf]
elektrischer Stuhl (m)	elektrisk stol (m)	[ɛ'lektrisk ˌstʊl]
Galgen (m)	galge (m)	['galgə]
hinrichten (vt)	å henrette	[ɔ 'hɛnˌrɛtə]
Hinrichtung (f)	henrettelse (m)	['hɛnˌrɛtəlsə]

Gefängnis (n)	fengsel (n)	['fɛŋsəl]
Zelle (f)	celle (m)	['sɛlə]

Eskorte (f)	eskorte (m)	[ɛs'kɔːtə]
Gefängniswärter (m)	fangevokter (m)	['faŋə‚vɔktər]
Gefangene (m)	fange (m)	['faŋə]

Handschellen (pl)	håndjern (n pl)	['hɔnjæːn̩]
Handschellen anlegen	å sette håndjern	[ɔ 'sɛtə 'hɔnjæːn̩]

Ausbruch (Flucht)	flykt (m/f)	['flʏkt]
ausbrechen (vi)	å flykte, å rømme	[ɔ 'flʏktə], [ɔ 'rœmə]
verschwinden (vi)	å forsvinne	[ɔ fɔ'ʂvinə]
aus ... entlassen	å løslate	[ɔ 'løs‚lɑtə]
Amnestie (f)	amnesti (m)	[ɑmnɛ'sti]

Polizei (f)	politi (n)	[pʊli'ti]
Polizist (m)	politi (m)	[pʊli'ti]
Polizeiwache (f)	politistasjon (m)	[pʊli'ti‚stɑ'ʂʊn]
Gummiknüppel (m)	gummikølle (m/f)	['gumi‚kølə]
Sprachrohr (n)	megafon (m)	[megɑ'fʊn]

Streifenwagen (m)	patruljebil (m)	[pɑ'trʉljə‚bil]
Sirene (f)	sirene (m/f)	[si'renə]
die Sirene einschalten	å slå på sirenen	[ɔ 'ʂlɔ pɔ si'renən]
Sirenengeheul (n)	sirene hyl (n)	[si'renə ‚hyl]

Tatort (m)	åsted (n)	['ɔsted]
Zeuge (m)	vitne (n)	['vitnə]
Freiheit (f)	frihet (m)	['fri‚het]
Komplize (m)	medskyldig (m)	['mɛ‚syldi]
verschwinden (vi)	å flykte	[ɔ 'flʏktə]
Spur (f)	spor (n)	['spʊr]

121. Polizei. Recht. Teil 2

Fahndung (f)	ettersøking (m/f)	['ɛtə‚søkiŋ]
suchen (vt)	å søke etter ...	[ɔ 'søkə ‚ɛtər ...]
Verdacht (m)	mistanke (m)	['mis‚tɑnkə]
verdächtig (Adj)	mistenkelig	[mis'tɛnkəli]
anhalten (Polizei)	å stoppe	[ɔ 'stɔpə]
verhaften (vt)	å anholde	[ɔ 'ɑn‚holə]

Fall (m), Klage (f)	sak (m/f)	['sɑk]
Untersuchung (f)	etterforskning (m/f)	['ɛtər‚fɔʂkniŋ]
Detektiv (m)	detektiv (m)	[detɛk'tiv]
Ermittlungsrichter (m)	etterforsker (m)	['ɛtər‚fɔʂkər]
Version (f)	versjon (m)	[væ'ʂʊn]

Motiv (n)	motiv (n)	[mʊ'tiv]
Verhör (n)	forhør (n)	[fɔr'hør]
verhören (vt)	å forhøre	[ɔ fɔr'hørə]
vernehmen (vt)	å avhøre	[ɔ 'ɑv‚hørə]
Kontrolle (Personen-)	sjekking (m/f)	['ʂɛkiŋ]

Razzia (f)	rassia, razzia (m)	['rɑsia]
Durchsuchung (f)	ransakelse (m)	['rɑnˌsɑkəlsə]
Verfolgung (f)	jakt (m/f)	['jakt]
nachjagen (vi)	å forfølge	[ɔ fɔr'følə]
verfolgen (vt)	å spore	[ɔ 'spʊrə]
Verhaftung (f)	arrest (m)	[ɑ'rɛst]
verhaften (vt)	å arrestere	[ɔ ɑrɛ'sterə]
fangen (vt)	å fange	[ɔ 'faŋə]
Festnahme (f)	pågripelse (m)	['pɔˌgripəlsə]
Dokument (n)	dokument (n)	[dɔkʉ'mɛnt]
Beweis (m)	bevis (n)	[be'vis]
beweisen (vt)	å bevise	[ɔ be'visə]
Fußspur (f)	fotspor (n)	['fʊtˌspʊr]
Fingerabdrücke (pl)	fingeravtrykk (n pl)	['fiŋərˌavtrʏk]
Beweisstück (n)	bevis (n)	[be'vis]
Alibi (n)	alibi (n)	['ɑlibi]
unschuldig	uskyldig	[ʉ'ʂyldi]
Ungerechtigkeit (f)	urettferdighet (m)	['ʉrɛtfærdiˌhet]
ungerecht	urettferdig	['ʉrɛtˌfærdi]
Kriminal-	kriminell	[krimi'nɛl]
beschlagnahmen (vt)	å konfiskere	[ɔ kʊnfi'skerə]
Droge (f)	narkotika (m)	[nɑr'kɔtika]
Waffe (f)	våpen (n)	['vɔpən]
entwaffnen (vt)	å avvæpne	[ɔ 'avˌvæpnə]
befehlen (vt)	å befale	[ɔ be'falə]
verschwinden (vi)	å forsvinne	[ɔ fɔ'ʂvinə]
Gesetz (n)	lov (m)	['lɔv]
gesetzlich	lovlig	['lɔvli]
ungesetzlich	ulovlig	[ʉ'lɔvli]
Verantwortlichkeit (f)	ansvar (n)	['anˌsvar]
verantwortlich	ansvarlig	[ans'vaːli]

NATUR

Die Erde. Teil 1

122. Weltall

Kosmos (m)	rommet, kosmos (n)	['rʊmə], ['kɔsmɔs]
kosmisch, Raum-	rom-	['rʊm-]
Weltraum (m)	ytre rom (n)	['ytrə ˌrʊm]
All (n)	verden (m)	['værdən]
Universum (n)	univers (n)	[ʉni'væs̩]
Galaxie (f)	galakse (m)	[gɑ'lɑksə]
Stern (m)	stjerne (m/f)	['stjæːŋə]
Gestirn (n)	stjernebilde (n)	['stjæːŋəˌbildə]
Planet (m)	planet (m)	[plɑ'net]
Satellit (m)	satellitt (m)	[sɑtɛ'lit]
Meteorit (m)	meteoritt (m)	[meteʉ'rit]
Komet (m)	komet (m)	[kʉ'met]
Asteroid (m)	asteroide (n)	[ɑsterʉ'idə]
Umlaufbahn (f)	bane (m)	['bɑnə]
sich drehen	å rotere	[ɔ rɔ'terə]
Atmosphäre (f)	atmosfære (m)	[ɑtmʉ'sfærə]
Sonne (f)	Solen	['sʉlən]
Sonnensystem (n)	solsystem (n)	['sʉl sʏ'stem]
Sonnenfinsternis (f)	solformørkelse (m)	['sʉl fɔr'mœrkəlsə]
Erde (f)	Jorden	['juːrən]
Mond (m)	Månen	['moːnən]
Mars (m)	Mars	['mɑs̩]
Venus (f)	Venus	['venʉs]
Jupiter (m)	Jupiter	['jʉpitər]
Saturn (m)	Saturn	['sɑˌtʉːn̩]
Merkur (m)	Merkur	[mær'kʉr]
Uran (m)	Uranus	[ʉ'rɑnʉs]
Neptun (m)	Neptun	[nɛp'tʉn]
Pluto (m)	Pluto	['plʉtʉ]
Milchstraße (f)	Melkeveien	['mɛlkəˌvæjən]
Der Große Bär	den Store Bjørn	['dən 'stʉrə ˌbjœːŋ]
Polarstern (m)	Nordstjernen, Polaris	['nuːrˌstjæːŋən], [po'laris]
Marsbewohner (m)	marsbeboer (m)	['mɑs̩ˌbebʉər]
Außerirdischer (m)	utenomjordisk vesen (n)	['ʉtənɔmˌjuːrdisk 'vesən]

außerirdisches Wesen (n)	romvesen (n)	['rʊmˌvesən]
fliegende Untertasse (f)	flygende tallerken (m)	['flygenə tɑ'lærkən]
Raumschiff (n)	romskip (n)	['rʊmˌʂip]
Raumstation (f)	romstasjon (m)	['rʊmˌstɑ'ʂʊn]
Raketenstart (m)	start (m), oppskyting (m/f)	['stɑːʈ], ['ɔpˌʂytiŋ]
Triebwerk (n)	motor (m)	['mɔtʊr]
Düse (f)	dyse (m)	['dysə]
Treibstoff (m)	brensel (n), drivstoff (n)	['brɛnsəl], ['drifˌstɔf]
Kabine (f)	cockpit (m), flydekk (n)	['kɔkpit], ['flyˌdɛk]
Antenne (f)	antenne (m)	[ɑn'tɛnə]
Bullauge (n)	koøye (n)	['kʊˌøjə]
Sonnenbatterie (f)	solbatteri (n)	['sʊl bɑtɛ'ri]
Raumanzug (m)	romdrakt (m/f)	['rʊmˌdrɑkt]
Schwerelosigkeit (f)	vektløshet (m/f)	['vɛktløsˌhet]
Sauerstoff (m)	oksygen (n)	['ɔksy'gen]
Ankopplung (f)	dokking (m/f)	['dɔkiŋ]
koppeln (vi)	å dokke	[ɔ 'dɔkə]
Observatorium (n)	observatorium (n)	[ɔbsərvɑ'tʊrium]
Teleskop (n)	teleskop (n)	[tele'skʊp]
beobachten (vt)	å observere	[ɔ ɔbsɛr'verə]
erforschen (vt)	å utforske	[ɔ 'ʉtˌfɔʂkə]

123. Die Erde

Erde (f)	Jorden	['juːrən]
Erdkugel (f)	jordklode (m)	['juːrˌklɔdə]
Planet (m)	planet (m)	[plɑ'net]
Atmosphäre (f)	atmosfære (m)	[ɑtmʊ'sfærə]
Geographie (f)	geografi (m)	[geʊgrɑ'fi]
Natur (f)	natur (m)	[nɑ'tʉr]
Globus (m)	globus (m)	['glɔbʉs]
Landkarte (f)	kart (n)	['kɑːʈ]
Atlas (m)	atlas (n)	['ɑtlɑs]
Europa (n)	Europa	[ɛʉ'rʊpɑ]
Asien (n)	Asia	['ɑsiɑ]
Afrika (n)	Afrika	['ɑfrikɑ]
Australien (n)	Australia	[ɑʊ'strɑliɑ]
Amerika (n)	Amerika	[ɑ'merikɑ]
Nordamerika (n)	Nord-Amerika	['nʊːr ɑ'merikɑ]
Südamerika (n)	Sør-Amerika	['sør ɑ'merikɑ]
Antarktis (f)	Antarktis	[ɑn'tɑrktis]
Arktis (f)	Arktis	['ɑrktis]

124. Himmelsrichtungen

Norden (m)	nord (n)	['nuːr]
nach Norden	mot nord	[mʊt 'nuːr]
im Norden	i nord	[i 'nuːr]
nördlich	nordlig	['nuːrli]

Süden (m)	syd, sør	['syd], ['sør]
nach Süden	mot sør	[mʊt 'sør]
im Süden	i sør	[i 'sør]
südlich	sydlig, sørlig	['sydli], ['søːli]

Westen (m)	vest (m)	['vɛst]
nach Westen	mot vest	[mʊt 'vɛst]
im Westen	i vest	[i 'vɛst]
westlich, West-	vestlig, vest-	['vɛstli]

Osten (m)	øst (m)	['øst]
nach Osten	mot øst	[mʊt 'øst]
im Osten	i øst	[i 'øst]
östlich	østlig	['østli]

125. Meer. Ozean

Meer (n), See (f)	hav (n)	['hɑv]
Ozean (m)	verdenshav (n)	[værdəns'hɑv]
Golf (m)	bukt (m/f)	['bʉkt]
Meerenge (f)	sund (n)	['sʉn]

Festland (n)	fastland (n)	['fɑstˌlɑn]
Kontinent (m)	fastland, kontinent (n)	['fɑstˌlɑn], [kʊnti'nɛnt]
Insel (f)	øy (m/f)	['øj]
Halbinsel (f)	halvøy (m/f)	['hɑlˌøːj]
Archipel (m)	skjærgård (m), arkipelag (n)	['særˌgɔr], [ɑrkipe'lɑg]

Bucht (f)	bukt (m/f)	['bʉkt]
Hafen (m)	havn (m/f)	['hɑvn]
Lagune (f)	lagune (m)	[lɑ'gʉnə]
Kap (n)	nes (n), kapp (n)	['nes], ['kɑp]

Atoll (n)	atoll (m)	[ɑ'tɔl]
Riff (n)	rev (n)	['rev]
Koralle (f)	korall (m)	[kʊ'rɑl]
Korallenriff (n)	korallrev (n)	[kʊ'rɑlˌrɛv]

tief (Adj)	dyp	['dyp]
Tiefe (f)	dybde (m)	['dybdə]
Abgrund (m)	avgrunn (m)	['ɑvˌgrʉn]
Graben (m)	dyphavsgrop (m/f)	['dyphɑfsˌgrɔp]

Strom (m)	strøm (m)	['strøm]
umspülen (vt)	å omgi	[ɔ 'ɔmˌji]
Ufer (n)	kyst (m)	['çyst]

Küste (f)	kyst (m)	['çyst]
Flut (f)	flo (m/f)	['fluː]
Ebbe (f)	ebbe (m), fjære (m/f)	['ɛbə], ['fjærə]
Sandbank (f)	sandbanke (m)	['sɑnˌbɑnkə]
Boden (m)	bunn (m)	['bʉn]
Welle (f)	bølge (m)	['bølgə]
Wellenkamm (m)	bølgekam (m)	['bølgəˌkɑm]
Schaum (m)	skum (n)	['skʉm]
Sturm (m)	storm (m)	['stɔrm]
Orkan (m)	orkan (m)	[ɔr'kɑn]
Tsunami (m)	tsunami (m)	[tsʉ'nɑmi]
Windstille (f)	stille (m/f)	['stilə]
ruhig	stille	['stilə]
Pol (m)	pol (m)	['pʊl]
Polar-	pol-, polar	['pʊl-], [pʊ'lɑr]
Breite (f)	bredde, latitude (m)	['brɛdə], ['lɑtiˌtʉdə]
Länge (f)	lengde (m/f)	['leŋdə]
Breitenkreis (m)	breddegrad (m)	['brɛdəˌgrɑd]
Äquator (m)	ekvator (m)	[ɛ'kvɑtʊr]
Himmel (m)	himmel (m)	['himəl]
Horizont (m)	horisont (m)	[hʊri'sɔnt]
Luft (f)	luft (f)	['lʉft]
Leuchtturm (m)	fyr (n)	['fyr]
tauchen (vi)	å dykke	[ɔ 'dʏkə]
versinken (vi)	å synke	[ɔ 'sʏnkə]
Schätze (pl)	skatter (m pl)	['skɑtər]

126. Namen der Meere und Ozeane

Atlantischer Ozean (m)	Atlanterhavet	[ɑt'lɑntərˌhɑve]
Indischer Ozean (m)	Indiahavet	['indiɑˌhɑve]
Pazifischer Ozean (m)	Stillehavet	['stiləˌhɑve]
Arktischer Ozean (m)	Polhavet	['pɔlˌhɑve]
Schwarzes Meer (n)	Svartehavet	['svɑːʈəˌhɑve]
Rotes Meer (n)	Rødehavet	['rødəˌhɑve]
Gelbes Meer (n)	Gulehavet	['gʉləˌhɑve]
Weißes Meer (n)	Kvitsjøen, Hvitehavet	['kvitˌsøːn], ['vitˌhɑve]
Kaspisches Meer (n)	Kaspihavet	['kɑspiˌhɑve]
Totes Meer (n)	Dødehavet	['dødə'hɑve]
Mittelmeer (n)	Middelhavet	['midəlˌhɑve]
Ägäisches Meer (n)	Egeerhavet	[ɛ'geːərˌhɑve]
Adriatisches Meer (n)	Adriahavet	['ɑdriɑˌhɑve]
Arabisches Meer (n)	Arabiahavet	[ɑ'rɑbiɑˌhɑve]
Japanisches Meer (n)	Japanhavet	['jɑpɑnˌhɑve]

| Beringmeer (n) | Beringhavet | ['beriŋˌhɑvə] |
| Südchinesisches Meer (n) | Sør-Kina-havet | ['sørˌçinɑ 'hɑvə] |

Korallenmeer (n)	Korallhavet	[kʊ'rɑlˌhɑvə]
Tasmansee (f)	Tasmanhavet	[tɑs'mɑnˌhɑvə]
Karibisches Meer (n)	Karibhavet	[kɑ'ribˌhɑvə]

| Barentssee (f) | Barentshavet | ['bɑrɛnsˌhɑvə] |
| Karasee (f) | Karahavet | ['kɑrɑˌhɑvə] |

Nordsee (f)	Nordsjøen	['nuːrˌʂøːn]
Ostsee (f)	Østersjøen	['østəˌʂøːn]
Nordmeer (n)	Norskehavet	['nɔʂkəˌhɑvə]

127. Berge

Berg (m)	fjell (n)	['fjɛl]
Gebirgskette (f)	fjellkjede (m)	['fjɛlˌçɛːdə]
Bergrücken (m)	fjellrygg (m)	['fjɛlˌrʏg]

Gipfel (m)	topp (m)	['tɔp]
Spitze (f)	tind (m)	['tin]
Bergfuß (m)	fot (m)	['fʊt]
Abhang (m)	skråning (m)	['skrɔniŋ]

Vulkan (m)	vulkan (m)	[vʉl'kɑn]
tätiger Vulkan (m)	virksom vulkan (m)	['virksɔm vʉl'kɑn]
schlafender Vulkan (m)	utslukt vulkan (m)	['ʉtˌʂlʉkt vʉl'kɑn]

Ausbruch (m)	utbrudd (n)	['ʉtˌbrʉd]
Krater (m)	krater (n)	['krɑtər]
Magma (n)	magma (m/n)	['mɑgmɑ]
Lava (f)	lava (m)	['lɑvɑ]
glühend heiß (-e Lava)	glødende	['glødenə]

Cañon (m)	canyon (m)	['kɑnjən]
Schlucht (f)	gjel (n), kløft (m)	['jel], ['klœft]
Spalte (f)	renne (m/f)	['rɛnə]
Abgrund (m) (steiler ~)	avgrunn (m)	['ɑvˌgrʉn]

Gebirgspass (m)	pass (n)	['pɑs]
Plateau (n)	platå (n)	[plɑ'to]
Fels (m)	klippe (m)	['klipə]
Hügel (m)	ås (m)	['ɔs]

Gletscher (m)	bre, jøkel (m)	['bre], ['jøkəl]
Wasserfall (m)	foss (m)	['fɔs]
Geiser (m)	geysir (m)	['gɛjsir]
See (m)	innsjø (m)	['in'ʂø]

Ebene (f)	slette (m/f)	['ʂletə]
Landschaft (f)	landskap (n)	['lɑnˌskɑp]
Echo (n)	ekko (n)	['ɛkʊ]
Bergsteiger (m)	alpinist (m)	[ɑlpi'nist]

Kletterer (m)	fjellklatrer (m)	['fjɛl̩ˌklɑtrər]
bezwingen (vt)	å erobre	[ɔ ɛ'rʉbrə]
Aufstieg (m)	bestigning (m/f)	[bə'stigniŋ]

128. Namen der Berge

Alpen (pl)	Alpene	['ɑlpenə]
Montblanc (m)	Mont Blanc	[ˌmɔn'blɑn]
Pyrenäen (pl)	Pyreneene	[pyre'ne:ənə]

Karpaten (pl)	Karpatene	[kɑr'pɑtenə]
Uralgebirge (n)	Uralfjellene	[ʉ'rɑl ˌfjɛlenə]
Kaukasus (m)	Kaukasus	['kaʉkɑsʉs]
Elbrus (m)	Elbrus	[ɛl'brʉs]

Altai (m)	Altaj	[ɑl'tɑj]
Tian Shan (m)	Tien Shan	[ti'enˌʂɑn]
Pamir (m)	Pamir	[pɑ'mir]
Himalaja (m)	Himalaya	[himɑ'lɑjɑ]
Everest (m)	Everest	['ɛve'rɛst]

| Anden (pl) | Andes | ['ɑndəs] |
| Kilimandscharo (m) | Kilimanjaro | [kilimɑn'dʂɑrʉ] |

129. Flüsse

Fluss (m)	elv (m/f)	['ɛlv]
Quelle (f)	kilde (m)	['çildə]
Flussbett (n)	elveleie (n)	['ɛlvəˌlæje]
Stromgebiet (n)	flodbasseng (n)	['flʉd bɑˌseŋ]
einmünden in …	å munne ut …	[ɔ 'mʉnə ʉt …]

| Nebenfluss (m) | bielv (m/f) | ['biˌelv] |
| Ufer (n) | bredd (m) | ['brɛd] |

Strom (m)	strøm (m)	['strøm]
stromabwärts	medstrøms	['meˌstrøms]
stromaufwärts	motstrøms	['mʉtˌstrøms]

Überschwemmung (f)	oversvømmelse (m)	['ɔvəˌsvœməlsə]
Hochwasser (n)	flom (m)	['flɔm]
aus den Ufern treten	å overflø	[ɔ 'ɔverˌflø]
überfluten (vt)	å oversvømme	[ɔ 'ɔvəˌsvœmə]

| Sandbank (f) | grunne (m/f) | ['grʉnə] |
| Stromschnelle (f) | stryk (m/n) | ['stryk] |

Damm (m)	demning (m)	['dɛmniŋ]
Kanal (m)	kanal (m)	[kɑ'nɑl]
Stausee (m)	reservoar (n)	[resɛrvʉ'ɑr]
Schleuse (f)	sluse (m)	['ʂlʉsə]
Gewässer (n)	vannmasse (m)	['vɑnˌmɑsə]

Sumpf (m), Moor (n)	myr, sump (m)	['myr], ['sʉmp]
Marsch (f)	hengemyr (m)	['hɛŋeˌmyr]
Strudel (m)	virvel (m)	['virvəl]

Bach (m)	bekk (m)	['bɛk]
Trink- (z.B. Trinkwasser)	drikke-	['drikə-]
Süß- (Wasser)	fersk-	['fæʂk-]

| Eis (n) | is (m) | ['is] |
| zufrieren (vi) | å fryse til | [ɔ 'frysə til] |

130. Namen der Flüsse

| Seine (f) | Seine | ['sɛːn] |
| Loire (f) | Loire | [luˈɑːr] |

Themse (f)	Themsen	['tɛmsən]
Rhein (m)	Rhinen	['riːnən]
Donau (f)	Donau	['dɔnaʉ]

Wolga (f)	Volga	['vɔlgɑ]
Don (m)	Don	['dɔn]
Lena (f)	Lena	['lenɑ]

Gelber Fluss (m)	Huang He	[ˌhwɑnˈhɛ]
Jangtse (m)	Yangtze	['jaŋtse]
Mekong (m)	Mekong	[meˈkɔŋ]
Ganges (m)	Ganges	['gaŋes]

Nil (m)	Nilen	['nilən]
Kongo (m)	Kongo	['kɔŋgʉ]
Okavango (m)	Okavango	[ʉkɑˈvɑngʉ]
Sambesi (m)	Zambezi	[sɑmˈbesi]
Limpopo (m)	Limpopo	[limpɔˈpɔ]
Mississippi (m)	Mississippi	['misiˈsipi]

131. Wald

| Wald (m) | skog (m) | ['skʉg] |
| Wald- | skog- | ['skʉg-] |

Dickicht (n)	tett skog (n)	['tɛt ˌskʉg]
Gehölz (n)	lund (m)	['lʉn]
Lichtung (f)	glenne (m/f)	['glenə]

| Dickicht (n) | krattskog (m) | ['krɑtˌskʉg] |
| Gebüsch (n) | kratt (n) | ['krɑt] |

Fußweg (m)	sti (m)	['sti]
Erosionsrinne (f)	ravine (m)	[rɑˈvinə]
Baum (m)	tre (n)	['trɛ]
Blatt (n)	blad (n)	['blɑ]

Laub (n)	løv (n)	['løv]
Laubfall (m)	løvfall (n)	['løv̩fɑl]
fallen (Blätter)	å falle	[ɔ 'fɑlə]
Wipfel (m)	tretopp (m)	['trɛ̩tɔp]
Zweig (m)	kvist, gren (m)	['kvist], ['gren]
Ast (m)	gren, grein (m/f)	['gren], ['græjn]
Knospe (f)	knopp (m)	['knɔp]
Nadel (f)	nål (m/f)	['nɔl]
Zapfen (m)	kongle (m/f)	['kʊŋlə]
Höhlung (f)	trehull (n)	['trɛ̩hʉl]
Nest (n)	reir (n)	['ræjr]
Höhle (f)	hule (m/f)	['hʉlə]
Stamm (m)	stamme (m)	['stɑmə]
Wurzel (f)	rot (m/f)	['rʊt]
Rinde (f)	bark (m)	['bɑrk]
Moos (n)	mose (m)	['mʊsə]
entwurzeln (vt)	å rykke opp med roten	[ɔ 'rʏkə ɔp me 'rʊtən]
fällen (vt)	å felle	[ɔ 'fɛlə]
abholzen (vt)	å hogge ned	[ɔ 'hɔgə 'ne]
Baumstumpf (m)	stubbe (m)	['stʉbə]
Lagerfeuer (n)	bål (n)	['bɔl]
Waldbrand (m)	skogbrann (m)	['skʊg̩brɑn]
löschen (vt)	å slokke	[ɔ 'ʂløkə]
Förster (m)	skogvokter (m)	['skʊg̩vɔktər]
Schutz (n), beschützen (vt)	vern (n), beskyttelse (m)	['væ:n], [be'ʂytəlsə]
Wilddieb (m)	å beskytte	[ɔ be'ʂytə]
Falle (f)	tyvskytter (m)	['tyf̩ʂytər]
	saks (m/f)	['sɑks]
sammeln, pflücken (vt)	å plukke	[ɔ 'plʉkə]
sich verirren	å gå seg vill	[ɔ 'gɔ sæj 'vil]

132. Natürliche Lebensgrundlagen

Naturressourcen (pl)	naturressurser (m pl)	[nɑ'tʉr rɛ'sʉsər]
Bodenschätze (pl)	mineraler (n pl)	[minə'rɑlər]
Vorkommen (n)	forekomster (m pl)	['fɔrə̩kɔmstər]
Feld (Ölfeld usw.)	felt (m)	['fɛlt]
gewinnen (vt)	å utvinne	[ɔ 'ʉt̩vinə]
Gewinnung (f)	utvinning (m/f)	['ʉt̩viniŋ]
Erz (n)	malm (m)	['mɑlm]
Bergwerk (n)	gruve (m/f)	['grʉvə]
Schacht (m)	gruvesjakt (m/f)	['grʉvə̩ʂɑkt]
Bergarbeiter (m)	gruvearbeider (m)	['grʉvə'ɑr̩bæjdər]
Erdgas (n)	gass (m)	['gɑs]
Gasleitung (f)	gassledning (m)	['gɑs̩lednin]

Erdöl (n)	olje (m)	[ˈɔljə]
Erdölleitung (f)	oljeledning (m)	[ˈɔljəˌledniŋ]
Ölquelle (f)	oljebrønn (m)	[ˈɔljəˌbrœn]
Bohrturm (m)	boretårn (n)	[ˈboːrəˌtɔːn]
Tanker (m)	tankskip (n)	[ˈtɑnkˌʂip]
Sand (m)	sand (m)	[ˈsɑn]
Kalkstein (m)	kalkstein (m)	[ˈkɑlkˌstæjn]
Kies (m)	grus (m)	[ˈɡrʉs]
Torf (m)	torv (m/f)	[ˈtɔrv]
Ton (m)	leir (n)	[ˈlæjr]
Kohle (f)	kull (n)	[ˈkʉl]
Eisen (n)	jern (n)	[ˈjæːn]
Gold (n)	gull (n)	[ˈɡʉl]
Silber (n)	sølv (n)	[ˈsøl]
Nickel (n)	nikkel (m)	[ˈnikəl]
Kupfer (n)	kobber (n)	[ˈkɔbər]
Zink (n)	sink (m/n)	[ˈsink]
Mangan (n)	mangan (m/n)	[mɑˈŋɑn]
Quecksilber (n)	kvikksølv (n)	[ˈkvikˌsøl]
Blei (n)	bly (n)	[ˈbly]
Mineral (n)	mineral (n)	[minəˈrɑl]
Kristall (m)	krystall (m/n)	[kryˈstɑl]
Marmor (m)	marmor (m/n)	[ˈmɑrmʉr]
Uran (n)	uran (m/n)	[ʉˈrɑn]

Die Erde. Teil 2

133. Wetter

Wetter (n)	vær (n)	['vær]
Wetterbericht (m)	værvarsel (n)	['værˌvaʂəl]
Temperatur (f)	temperatur (m)	[tɛmpəraˈtʉr]
Thermometer (n)	termometer (n)	[tɛrmʉˈmetər]
Barometer (n)	barometer (n)	[barʉˈmetər]
feucht	fuktig	['fʉkti]
Feuchtigkeit (f)	fuktighet (m)	['fʉktiˌhet]
Hitze (f)	hete (m)	['heːtə]
glutheiß	het	['het]
ist heiß	det er hett	[de ær 'het]
ist warm	det er varmt	[de ær 'vɑrmt]
warm (Adj)	varm	['vɑrm]
ist kalt	det er kaldt	[de ær 'kalt]
kalt (Adj)	kald	['kal]
Sonne (f)	sol (m/f)	['sʉl]
scheinen (vi)	å skinne	[ɔ 'ʂinə]
sonnig (Adj)	solrik	['sʉlˌrik]
aufgehen (vi)	å gå opp	[ɔ 'gɔ ɔp]
untergehen (vi)	å gå ned	[ɔ 'gɔ ne]
Wolke (f)	sky (m)	['ʂy]
bewölkt, wolkig	skyet	['ʂyːət]
Regenwolke (f)	regnsky (m/f)	['ræjnˌʂy]
trüb (-er Tag)	mørk	['mœrk]
Regen (m)	regn (n)	['ræjn]
Es regnet	det regner	[de 'ræjnər]
regnerisch (-er Tag)	regnværs-	['ræjnˌværʂ-]
nieseln (vi)	å småregne	[ɔ 'smoːræjnə]
strömender Regen (m)	piskende regn (n)	['piskənə ˌræjn]
Regenschauer (m)	styrtregn (n)	['styːtˌræjn]
stark (-er Regen)	kraftig, sterk	['krɑfti], ['stærk]
Pfütze (f)	vannpytt (m)	['vɑnˌpyt]
nass werden (vi)	å bli våt	[ɔ 'bli 'vɔt]
Nebel (m)	tåke (m/f)	['toːkə]
neblig (-er Tag)	tåke	['toːkə]
Schnee (m)	snø (m)	['snø]
Es schneit	det snør	[de 'snør]

134. Unwetter Naturkatastrophen

Gewitter (n)	tordenvær (n)	['tʊrdən ˌvær]
Blitz (m)	lyn (n)	['lyn]
blitzen (vi)	å glimte	[ɔ 'glimtə]

Donner (m)	torden (m)	['tʊrdən]
donnern (vi)	å tordne	[ɔ 'tʊrdnə]
Es donnert	det tordner	[de 'tʊrdnər]

| Hagel (m) | hagle (m/f) | ['haglə] |
| Es hagelt | det hagler | [de 'haglər] |

| überfluten (vt) | å oversvømme | [ɔ 'ɔvə ˌsvœmə] |
| Überschwemmung (f) | oversvømmelse (m) | ['ɔvə ˌsvœməlsə] |

Erdbeben (n)	jordskjelv (n)	['juːr ˌsɛlv]
Erschütterung (f)	skjelv (n)	['sɛlv]
Epizentrum (n)	episenter (n)	[ɛpi'sɛntər]

| Ausbruch (m) | utbrudd (n) | ['ʉt ˌbrʉd] |
| Lava (f) | lava (m) | ['lava] |

Wirbelsturm (m)	skypumpe (m/f)	['sy ˌpʉmpə]
Tornado (m)	tornado (m)	[tʊː'nɑdʊ]
Taifun (m)	tyfon (m)	[ty'fʊn]

Orkan (m)	orkan (m)	[ɔr'kɑn]
Sturm (m)	storm (m)	['stɔrm]
Tsunami (m)	tsunami (m)	[tsʉ'nɑmi]

Zyklon (m)	syklon (m)	[sy'klun]
Unwetter (n)	uvær (n)	['ʉː ˌvær]
Brand (m)	brann (m)	['brɑn]
Katastrophe (f)	katastrofe (m)	[kɑtɑ'strɔfə]
Meteorit (m)	meteoritt (m)	[meteʉ'rit]

Lawine (f)	lavine (m)	[lɑ'vinə]
Schneelawine (f)	snøskred, snøras (n)	['snø ˌskred], ['snøras]
Schneegestöber (n)	snøstorm (m)	['snø ˌstɔrm]
Schneesturm (m)	snøstorm (m)	['snø ˌstɔrm]

Fauna

135. Säugetiere. Raubtiere

Raubtier (n)	rovdyr (n)	['rɔvˌdyr]
Tiger (m)	tiger (m)	['tigər]
Löwe (m)	løve (m/f)	['løve]
Wolf (m)	ulv (m)	['ʉlv]
Fuchs (m)	rev (m)	['rev]
Jaguar (m)	jaguar (m)	[jagʉ'ɑr]
Leopard (m)	leopard (m)	[leʉ'pɑrd]
Gepard (m)	gepard (m)	[ge'pɑrd]
Panther (m)	panter (m)	['pantər]
Puma (m)	puma (m)	['pʉma]
Schneeleopard (m)	snøleopard (m)	['snø leʉ'pɑrd]
Luchs (m)	gaupe (m/f)	['gaʉpə]
Kojote (m)	coyote, prærieulv (m)	[kɔ'jote], ['præriˌʉlv]
Schakal (m)	sjakal (m)	[ʂɑ'kɑl]
Hyäne (f)	hyene (m)	[hy'ene]

136. Tiere in freier Wildbahn

Tier (n)	dyr (n)	['dyr]
Bestie (f)	best, udyr (n)	['bɛst], ['ʉˌdyr]
Eichhörnchen (n)	ekorn (n)	['ɛkʉːn̩]
Igel (m)	pinnsvin (n)	['pinˌsvin]
Hase (m)	hare (m)	['hɑre]
Kaninchen (n)	kanin (m)	[kɑ'nin]
Dachs (m)	grevling (m)	['grɛvliŋ]
Waschbär (m)	vaskebjørn (m)	['vaskəˌbjœːn̩]
Hamster (m)	hamster (m)	['hamstər]
Murmeltier (n)	murmeldyr (n)	['mʉrməlˌdyr]
Maulwurf (m)	muldvarp (m)	['mʉlˌvɑrp]
Maus (f)	mus (m/f)	['mʉs]
Ratte (f)	rotte (m/f)	['rɔtə]
Fledermaus (f)	flaggermus (m/f)	['flɑgərˌmʉs]
Hermelin (n)	røyskatt (m)	['røjskat]
Zobel (m)	sobel (m)	['sʉbəl]
Marder (m)	mår (m)	['mɔr]
Wiesel (n)	snømus (m/f)	['snøˌmʉs]
Nerz (m)	mink (m)	['mink]

Deutsch	Norwegisch	Aussprache
Biber (m)	bever (m)	['bevər]
Fischotter (m)	oter (m)	['ʉtər]
Pferd (n)	hest (m)	['hɛst]
Elch (m)	elg (m)	['ɛlg]
Hirsch (m)	hjort (m)	['jɔːt]
Kamel (n)	kamel (m)	[kɑ'mel]
Bison (m)	bison (m)	['bisɔn]
Wisent (m)	urokse (m)	['ʉr͵ʉksə]
Büffel (m)	bøffel (m)	['bøfəl]
Zebra (n)	sebra (m)	['sebrɑ]
Antilope (f)	antilope (m)	[ɑnti'lupə]
Reh (n)	rådyr (n)	['rɔ͵dyr]
Damhirsch (m)	dåhjort, dådyr (n)	['dɔ͵jɔːt], ['dɔ͵dyr]
Gämse (f)	gemse (m)	['gɛmsə]
Wildschwein (n)	villsvin (n)	['vil͵svin]
Wal (m)	hval (m)	['vɑl]
Seehund (m)	sel (m)	['sel]
Walroß (n)	hvalross (m)	['vɑl͵rɔs]
Seebär (m)	pelssel (m)	['pɛls͵sel]
Delfin (m)	delfin (m)	[dɛl'fin]
Bär (m)	bjørn (m)	['bjœːn]
Eisbär (m)	isbjørn (m)	['is͵bjœːn]
Panda (m)	panda (m)	['pɑndɑ]
Affe (m)	ape (m/f)	['ɑpe]
Schimpanse (m)	sjimpanse (m)	[ʂim'pɑnsə]
Orang-Utan (m)	orangutang (m)	[ʊ'rɑŋgʉ͵tɑŋ]
Gorilla (m)	gorilla (m)	[gɔ'rilɑ]
Makak (m)	makak (m)	[mɑ'kɑk]
Gibbon (m)	gibbon (m)	['gibʊn]
Elefant (m)	elefant (m)	[ɛle'fɑnt]
Nashorn (n)	neshorn (n)	['nes͵hʉːn]
Giraffe (f)	sjiraff (m)	[ʂi'rɑf]
Flusspferd (n)	flodhest (m)	['flʊd͵hɛst]
Känguru (n)	kenguru (m)	['kɛŋgʉrʉ]
Koala (m)	koala (m)	[kʊ'ɑlɑ]
Manguste (f)	mangust, mungo (m)	[mɑŋ'gʉst], ['mʉŋgu]
Chinchilla (n)	chinchilla (m)	[ʂin'ʂilɑ]
Stinktier (n)	skunk (m)	['skunk]
Stachelschwein (n)	hulepinnsvin (n)	['hʉlə͵pinsvin]

137. Haustiere

Deutsch	Norwegisch	Aussprache
Katze (f)	katt (m)	['kɑt]
Kater (m)	hannkatt (m)	['hɑn͵kɑt]
Hund (m)	hund (m)	['hʉn]

Pferd (n)	hest (m)	['hɛst]
Hengst (m)	hingst (m)	['hiŋst]
Stute (f)	hoppe, merr (m/f)	['hɔpə], ['mɛr]
Kuh (f)	ku (f)	['kʉ]
Stier (m)	tyr (m)	['tyr]
Ochse (m)	okse (m)	['ɔksə]
Schaf (n)	sau (m)	['saʊ]
Widder (m)	vær, saubukk (m)	['væːr], ['saʊˌbʉk]
Ziege (f)	geit (m/f)	['jæjt]
Ziegenbock (m)	geitebukk (m)	['jæjtəˌbʉk]
Esel (m)	esel (n)	['ɛsəl]
Maultier (n)	muldyr (n)	['mʉlˌdyr]
Schwein (n)	svin (n)	['svin]
Ferkel (n)	gris (m)	['gris]
Kaninchen (n)	kanin (m)	[ka'nin]
Huhn (n)	høne (m/f)	['hønə]
Hahn (m)	hane (m)	['hanə]
Ente (f)	and (m/f)	['an]
Enterich (m)	andrik (m)	['andrik]
Gans (f)	gås (m/f)	['gɔs]
Puter (m)	kalkunhane (m)	[kal'kʉnˌhanə]
Pute (f)	kalkunhøne (m/f)	[kal'kʉnˌhønə]
Haustiere (pl)	husdyr (n pl)	['hʉsˌdyr]
zahm	tam	['tam]
zähmen (vt)	å temme	[ɔ 'tɛmə]
züchten (vt)	å avle, å oppdrette	[ɔ 'avlə], [ɔ 'ɔpˌdrɛtə]
Farm (f)	farm, gård (m)	['farm], ['gɔːr]
Geflügel (n)	fjærfe (n)	['fjæːrˌfɛ]
Vieh (n)	kveg (n)	['kvɛg]
Herde (f)	flokk, bøling (m)	['flɔk], ['bøliŋ]
Pferdestall (m)	stall (m)	['stal]
Schweinestall (m)	grisehus (n)	['grisəˌhʉs]
Kuhstall (m)	kufjøs (m/n)	['kʉˌfjøs]
Kaninchenstall (m)	kaninbur (n)	[ka'ninˌbʉr]
Hühnerstall (m)	hønsehus (n)	['hønsəˌhʉs]

138. Vögel

Vogel (m)	fugl (m)	['fʉl]
Taube (f)	due (m/f)	['dʉə]
Spatz (m)	spurv (m)	['spʉrv]
Meise (f)	kjøttmeis (m/f)	['çœtˌmæjs]
Elster (f)	skjære (m/f)	['ʂæːrə]
Rabe (m)	ravn (m)	['ravn]

Krähe (f)	kråke (m)	['kro:kə]
Dohle (f)	kaie (m/f)	['kajə]
Saatkrähe (f)	kornkråke (m/f)	['kʊːn̩ˌkroːkə]
Ente (f)	and (m/f)	['an]
Gans (f)	gås (m/f)	['gɔs]
Fasan (m)	fasan (m)	[fa'san]
Adler (m)	ørn (m/f)	['œːn̩]
Habicht (m)	hauk (m)	['haʊk]
Falke (m)	falk (m)	['falk]
Greif (m)	gribb (m)	['grib]
Kondor (m)	kondor (m)	[kʊn'dʊr]
Schwan (m)	svane (m/f)	['svanə]
Kranich (m)	trane (m/f)	['tranə]
Storch (m)	stork (m)	['stɔrk]
Papagei (m)	papegøye (m)	[pape'gøjə]
Kolibri (m)	kolibri (m)	[kʊ'libri]
Pfau (m)	påfugl (m)	['pɔˌfʉl]
Strauß (m)	struts (m)	['strʉts]
Reiher (m)	hegre (m)	['hæjrə]
Flamingo (m)	flamingo (m)	[fla'mingʊ]
Pelikan (m)	pelikan (m)	[peli'kan]
Nachtigall (f)	nattergal (m)	['natərˌgal]
Schwalbe (f)	svale (m/f)	['svalə]
Drossel (f)	trost (m)	['trʊst]
Singdrossel (f)	måltrost (m)	['moːlˌtrʊst]
Amsel (f)	svarttrost (m)	['svaːˌtrʊst]
Segler (m)	tårnseiler (m), tårnsvale (m/f)	['tɔːn̩ˌsæjlə], ['tɔːn̩ˌsvalə]
Lerche (f)	lerke (m/f)	['lærkə]
Wachtel (f)	vaktel (m)	['vaktəl]
Specht (m)	hakkespett (m)	['hakəˌspɛt]
Kuckuck (m)	gjøk, gauk (m)	['jøk], ['gaʊk]
Eule (f)	ugle (m/f)	['ʉglə]
Uhu (m)	hubro (m)	['hʉbrʊ]
Auerhahn (m)	storfugl (m)	['stʊrˌfʉl]
Birkhahn (m)	orrfugl (m)	['ɔrˌfʉl]
Rebhuhn (n)	rapphøne (m/f)	['rapˌhønə]
Star (m)	stær (m)	['stær]
Kanarienvogel (m)	kanarifugl (m)	[ka'nariˌfʉl]
Haselhuhn (n)	jerpe (m/f)	['jærpə]
Buchfink (m)	bokfink (m)	['bʊkˌfink]
Gimpel (m)	dompap (m)	['dʊmpap]
Möwe (f)	måke (m/f)	['moːkə]
Albatros (m)	albatross (m)	['albaˌtrɔs]
Pinguin (m)	pingvin (m)	[piŋ'vin]

139. Fische. Meerestiere

Deutsch	Norwegisch	Aussprache
Brachse (f)	brasme (m/f)	['brɑsmə]
Karpfen (m)	karpe (m)	['kɑrpə]
Barsch (m)	åbor (m)	['obɔr]
Wels (m)	malle (m)	['mɑlə]
Hecht (m)	gjedde (m/f)	['jɛdə]
Lachs (m)	laks (m)	['lɑks]
Stör (m)	stør (m)	['stør]
Hering (m)	sild (m/f)	['sil]
atlantische Lachs (m)	atlanterhavslaks (m)	[ɑt'lɑntərhɑfsˌlɑks]
Makrele (f)	makrell (m)	[mɑ'krɛl]
Scholle (f)	rødspette (m/f)	['røˌspɛtə]
Zander (m)	gjørs (m)	['jøːʂ]
Dorsch (m)	torsk (m)	['tɔʂk]
Tunfisch (m)	tunfisk (m)	['tʉnˌfisk]
Forelle (f)	ørret (m)	['øret]
Aal (m)	ål (m)	['ɔl]
Zitterrochen (m)	elektrisk rokke (m/f)	[ɛ'lektrisk ˌrɔkə]
Muräne (f)	murene (m)	[mʉ'rɛnə]
Piranha (m)	piraja (m)	[pi'rɑjɑ]
Hai (m)	hai (m)	['hɑj]
Delfin (m)	delfin (m)	[dɛl'fin]
Wal (m)	hval (m)	['vɑl]
Krabbe (f)	krabbe (m)	['krɑbə]
Meduse (f)	manet (m/f), meduse (m)	['mɑnet], [me'dʉsə]
Krake (m)	blekksprut (m)	['blekˌsprʉt]
Seestern (m)	sjøstjerne (m/f)	['ʂøˌstjæːŋə]
Seeigel (m)	sjøpinnsvin (n)	['ʂøː'pinˌsvin]
Seepferdchen (n)	sjøhest (m)	['ʂøˌhɛst]
Auster (f)	østers (m)	['østəʂ]
Garnele (f)	reke (m/f)	['rekə]
Hummer (m)	hummer (m)	['hʉmər]
Languste (f)	langust (m)	[lɑŋ'gʉst]

140. Amphibien Reptilien

Schlange (f)	slange (m)	['ʂlɑŋə]
Gift-, giftig	giftig	['jifti]
Viper (f)	hoggorm, huggorm (m)	['hʉgˌɔrm], ['hʉgˌɔrm]
Kobra (f)	kobra (m)	['kʊbrɑ]
Python (m)	pyton (m)	['pytɔn]
Boa (f)	boaslange (m)	['boɑˌʂlɑŋə]
Ringelnatter (f)	snok (m)	['snʊk]

| Klapperschlange (f) | klapperslange (m) | ['klapəˌslaŋə] |
| Anakonda (f) | anakonda (m) | [anaˈkɔnda] |

Eidechse (f)	øgle (m/f)	['øglə]
Leguan (m)	iguan (m)	[iguˈan]
Waran (m)	varan (n)	[vaˈran]
Salamander (m)	salamander (m)	[salaˈmandər]
Chamäleon (n)	kameleon (m)	[kaməleˈʊn]
Skorpion (m)	skorpion (m)	[skɔrpiˈʊn]

Schildkröte (f)	skilpadde (m/f)	[ˈʂilˌpadə]
Frosch (m)	frosk (m)	[ˈfrɔsk]
Kröte (f)	padde (m/f)	[ˈpadə]
Krokodil (n)	krokodille (m)	[krʊkəˈdilə]

141. Insekten

Insekt (n)	insekt (n)	[ˈinsɛkt]
Schmetterling (m)	sommerfugl (m)	[ˈsɔmərˌfʉl]
Ameise (f)	maur (m)	[ˈmaʉr]
Fliege (f)	flue (m/f)	[ˈflʉə]
Mücke (f)	mygg (m)	[ˈmʏg]
Käfer (m)	bille (m)	[ˈbilə]

Wespe (f)	veps (m)	[ˈvɛps]
Biene (f)	bie (m/f)	[ˈbiə]
Hummel (f)	humle (m/f)	[ˈhʉmlə]
Bremse (f)	brems (m)	[ˈbrɛms]

| Spinne (f) | edderkopp (m) | [ˈɛdərˌkɔp] |
| Spinnennetz (n) | edderkoppnett (n) | [ˈɛdərkɔpˌnɛt] |

Libelle (f)	øyenstikker (m)	[ˈøjənˌstikər]
Grashüpfer (m)	gresshoppe (m/f)	[ˈgrɛsˌhɔpə]
Schmetterling (m)	nattsvermer (m)	[ˈnatˌsværmər]

Schabe (f)	kakerlakk (m)	[kakəˈlak]
Zecke (f)	flått, midd (m)	[ˈflɔt], [ˈmid]
Floh (m)	loppe (f)	[ˈlɔpə]
Kriebelmücke (f)	knott (m)	[ˈknɔt]

Heuschrecke (f)	vandgresshoppe (m/f)	[ˈvan ˈgrɛsˌhɔpə]
Schnecke (f)	snegl (m)	[ˈsnæjl]
Heimchen (n)	siriss (m)	[ˈsiˌris]
Leuchtkäfer (m)	ildflue (m/f), lysbille (m)	[ˈilˌflʉə], [ˈlysˌbilə]
Marienkäfer (m)	marihøne (m/f)	[ˈmariˌhønə]
Maikäfer (m)	oldenborre (f)	[ˈɔldənˌbɔrə]

Blutegel (m)	igle (m/f)	[ˈiglə]
Raupe (f)	sommerfugllarve (m/f)	[ˈsɔmərfʉlˌlarvə]
Wurm (m)	meitemark (m)	[ˈmæjtəˌmark]
Larve (f)	larve (m/f)	[ˈlarvə]

Flora

142. Bäume

Baum (m)	tre (n)	['trɛ]
Laub-	løv-	['løv-]
Nadel-	bar-	['bɑr-]
immergrün	eviggrønt	['ɛviˌgrœnt]
Apfelbaum (m)	epletre (n)	['ɛpləˌtrɛ]
Birnbaum (m)	pæretre (n)	['pærəˌtrɛ]
Süßkirschbaum (m)	morelltre (n)	[mʊ'rɛlˌtrɛ]
Sauerkirschbaum (m)	kirsebærtre (n)	['çiʂəbærˌtrɛ]
Pflaumenbaum (m)	plommetre (n)	['plʊməˌtrɛ]
Birke (f)	bjørk (f)	['bjœrk]
Eiche (f)	eik (f)	['æjk]
Linde (f)	lind (m/f)	['lin]
Espe (f)	osp (m/f)	['ɔsp]
Ahorn (m)	lønn (m/f)	['lœn]
Fichte (f)	gran (m/f)	['grɑn]
Kiefer (f)	furu (m/f)	['fʉrʉ]
Lärche (f)	lerk (m)	['lærk]
Tanne (f)	edelgran (m/f)	['ɛdəlˌgrɑn]
Zeder (f)	seder (m)	['sedər]
Pappel (f)	poppel (m)	['pɔpəl]
Vogelbeerbaum (m)	rogn (m/f)	['rɔŋn]
Weide (f)	pil (m/f)	['pil]
Erle (f)	or, older (m/f)	['ʊr], ['ɔldər]
Buche (f)	bøk (m)	['bøk]
Ulme (f)	alm (m)	['ɑlm]
Esche (f)	ask (m/f)	['ɑsk]
Kastanie (f)	kastanjetre (n)	[kɑ'stɑnjeˌtrɛ]
Magnolie (f)	magnolia (m)	[mɑŋ'nʊliɑ]
Palme (f)	palme (m)	['pɑlmə]
Zypresse (f)	sypress (m)	[sʏ'prɛs]
Mangrovenbaum (m)	mangrove (m)	[mɑŋ'grʊvə]
Baobab (m)	apebrødtre (n)	['ɑpebrøˌtrɛ]
Eukalyptus (m)	eukalyptus (m)	[ɛvkɑ'lyptʉs]
Mammutbaum (m)	sequoia (m)	['sekˌvɔjɑ]

143. Büsche

Strauch (m)	busk (m)	['bʉsk]
Gebüsch (n)	busk (m)	['bʉsk]

| Weinstock (m) | vinranke (m) | ['vin̩ˌrankə] |
| Weinberg (m) | vinmark (m/f) | ['vin̩ˌmark] |

Himbeerstrauch (m)	bringebærbusk (m)	['briŋəˌbær bʉsk]
schwarze Johannisbeere (f)	solbærbusk (m)	['sʉlbærˌbʉsk]
rote Johannisbeere (f)	ripsbusk (m)	['ripsˌbʉsk]
Stachelbeerstrauch (m)	stikkelsbærbusk (m)	['stikəlsbærˌbʉsk]

Akazie (f)	akasie (m)	[ɑ'kɑsiə]
Berberitze (f)	berberis (m)	['bærberis]
Jasmin (m)	sjasmin (m)	[s̜ɑs'min]

Wacholder (m)	einer (m)	['æjnər]
Rosenstrauch (m)	rosenbusk (m)	['rʉsənˌbʉsk]
Heckenrose (f)	steinnype (m/f)	['stæjnˌnypə]

144. Obst. Beeren

Frucht (f)	frukt (m/f)	['frʉkt]
Früchte (pl)	frukter (m/f pl)	['frʉktər]
Apfel (m)	eple (n)	['ɛplə]
Birne (f)	pære (m/f)	['pærə]
Pflaume (f)	plomme (m/f)	['plʉmə]

Erdbeere (f)	jordbær (n)	['juːrˌbær]
Sauerkirsche (f)	kirsebær (n)	['çis̜əˌbær]
Süßkirsche (f)	morell (m)	[mʉ'rɛl]
Weintrauben (pl)	drue (m)	['drʉə]

Himbeere (f)	bringebær (n)	['briŋəˌbær]
schwarze Johannisbeere (f)	solbær (n)	['sʉlˌbær]
rote Johannisbeere (f)	rips (m)	['rips]
Stachelbeere (f)	stikkelsbær (n)	['stikəlsˌbær]
Moosbeere (f)	tranebær (n)	['trɑnəˌbær]

Apfelsine (f)	appelsin (m)	[ɑpel'sin]
Mandarine (f)	mandarin (m)	[mɑndɑ'rin]
Ananas (f)	ananas (m)	['ɑnɑnɑs]

| Banane (f) | banan (m) | [bɑ'nɑn] |
| Dattel (f) | daddel (m) | ['dɑdəl] |

Zitrone (f)	sitron (m)	[si'trʉn]
Aprikose (f)	aprikos (m)	[ɑpri'kʉs]
Pfirsich (m)	fersken (m)	['fæs̜kən]

| Kiwi (f) | kiwi (m) | ['kivi] |
| Grapefruit (f) | grapefrukt (m/f) | ['grɛjpˌfrʉkt] |

Beere (f)	bær (n)	['bær]
Beeren (pl)	bær (n pl)	['bær]
Preiselbeere (f)	tyttebær (n)	['tʏtəˌbær]
Walderdbeere (f)	markjordbær (n)	['mɑrk juːrˌbær]
Heidelbeere (f)	blåbær (n)	['blɔˌbær]

145. Blumen. Pflanzen

Deutsch	Norwegisch	Aussprache
Blume (f)	blomst (m)	['blɔmst]
Blumenstrauß (m)	bukett (m)	[bʉ'kɛt]
Rose (f)	rose (m/f)	['rʉsə]
Tulpe (f)	tulipan (m)	[tʉli'pɑn]
Nelke (f)	nellik (m)	['nɛlik]
Gladiole (f)	gladiolus (m)	[glɑdi'ɔlʉs]
Kornblume (f)	kornblomst (m)	['kʉːɳˌblɔmst]
Glockenblume (f)	blåklokke (m/f)	['blɔˌklɔkə]
Löwenzahn (m)	løvetann (m/f)	['løvəˌtɑn]
Kamille (f)	kamille (m)	[kɑ'milə]
Aloe (f)	aloe (m)	['ɑlʉe]
Kaktus (m)	kaktus (m)	['kɑktʉs]
Gummibaum (m)	gummiplante (m/f)	['gʉmiˌplɑntə]
Lilie (f)	lilje (m)	['liljə]
Geranie (f)	geranium (m)	[ge'rɑnium]
Hyazinthe (f)	hyasint (m)	[hiɑ'sint]
Mimose (f)	mimose (m/f)	[mi'mɔsə]
Narzisse (f)	narsiss (m)	[nɑ'ʂis]
Kapuzinerkresse (f)	blomkarse (m)	['blɔmˌkɑʂə]
Orchidee (f)	orkidé (m)	[ɔrki'de]
Pfingstrose (f)	peon, pion (m)	[pe'ʊn], [pi'ʊn]
Veilchen (n)	fiol (m)	[fi'ʊl]
Stiefmütterchen (n)	stemorsblomst (m)	['stemʊʂˌblɔmst]
Vergissmeinnicht (n)	forglemmegei (m)	[fɔr'gleməˌjæj]
Gänseblümchen (n)	tusenfryd (m)	['tʉsənˌfryd]
Mohn (m)	valmue (m)	['vɑlmʉe]
Hanf (m)	hamp (m)	['hɑmp]
Minze (f)	mynte (m/f)	['myntə]
Maiglöckchen (n)	liljekonvall (m)	['liljə kɔn'vɑl]
Schneeglöckchen (n)	snøklokke (m/f)	['snøˌklɔkə]
Brennnessel (f)	nesle (m/f)	['nɛslə]
Sauerampfer (m)	syre (m/f)	['syrə]
Seerose (f)	nøkkerose (m/f)	['nøkəˌrʉse]
Farn (m)	bregne (m/f)	['brɛjnə]
Flechte (f)	lav (m/n)	['lɑv]
Gewächshaus (n)	drivhus (n)	['drivˌhʉs]
Rasen (m)	gressplen (m)	['grɛsˌplen]
Blumenbeet (n)	blomsterbed (n)	['blɔmstərˌbed]
Pflanze (f)	plante (m/f), vekst (m)	['plɑntə], ['vɛkst]
Gras (n)	gras (n)	['grɑs]
Grashalm (m)	grasstrå (n)	['grɑsˌstrɔ]

Deutsch	Norwegisch	Aussprache
Blatt (n)	blad (n)	['blɑ]
Blütenblatt (n)	kronblad (n)	['krɔnˌblɑ]
Stiel (m)	stilk (m)	['stilk]
Knolle (f)	rotknoll (m)	['rʊtˌknɔl]
Jungpflanze (f)	spire (m/f)	['spirə]
Dorn (m)	torn (m)	['tʊːn]
blühen (vi)	å blomstre	[ɔ 'blɔmstrə]
welken (vi)	å visne	[ɔ 'visnə]
Geruch (m)	lukt (m/f)	['lʉkt]
abschneiden (vt)	å skjære av	[ɔ 'ʂæːrə ɑː]
pflücken (vt)	å plukke	[ɔ 'plʉkə]

146. Getreide, Körner

Deutsch	Norwegisch	Aussprache
Getreide (n)	korn (n)	['kʊːn]
Getreidepflanzen (pl)	cerealer (n pl)	[sere'ɑlər]
Ähre (f)	aks (n)	['ɑks]
Weizen (m)	hvete (m)	['vetə]
Roggen (m)	rug (m)	['rʉg]
Hafer (m)	havre (m)	['hɑvrə]
Hirse (f)	hirse (m)	['hiʂə]
Gerste (f)	bygg (m/n)	['bʏg]
Mais (m)	mais (m)	['mɑis]
Reis (m)	ris (m)	['ris]
Buchweizen (m)	bokhvete (m)	['bʊkˌvetə]
Erbse (f)	ert (m/f)	['æːt]
weiße Bohne (f)	bønne (m/f)	['bœnə]
Sojabohne (f)	soya (m)	['sɔja]
Linse (f)	linse (m/f)	['linsə]
Bohnen (pl)	bønner (m/f pl)	['bœnər]

LÄNDER. NATIONALITÄTEN

147. Westeuropa

Europa (n)	Europa	[ɛʉ'rʊpa]
Europäische Union (f)	Den Europeiske Union	[den ɛʉrʊ'pɛiskə ʉni'ɔn]
Österreich	Østerrike	['østə‚rikə]
Großbritannien	Storbritannia	['stʊr bri‚tania]
England	England	['ɛŋlan]
Belgien	Belgia	['bɛlgia]
Deutschland	Tyskland	['tʏsklan]
Niederlande (f)	Nederland	['nedə‚lan]
Holland (n)	Holland	['hɔlan]
Griechenland	Hellas	['hɛlas]
Dänemark	Danmark	['danmark]
Irland	Irland	['irlan]
Island	Island	['islan]
Spanien	Spania	['spania]
Italien	Italia	[i'talia]
Zypern	Kypros	['kʏprʊs]
Malta	Malta	['malta]
Norwegen	Norge	['nɔrgə]
Portugal	Portugal	[pɔ:ʈʉ'gal]
Finnland	Finland	['finlan]
Frankreich	Frankrike	['frankrikə]
Schweden	Sverige	['sværiə]
Schweiz (f)	Sveits	['svæjts]
Schottland	Skottland	['skɔtlan]
Vatikan (m)	Vatikanet	['vati‚kane]
Liechtenstein	Liechtenstein	['lihtɛnʂtæjn]
Luxemburg	Luxembourg	['lʉksɛm‚bʉrg]
Monaco	Monaco	[mʊ'nakʊ]

148. Mittel- und Osteuropa

Albanien	Albania	[al'bania]
Bulgarien	Bulgaria	[bʉl'garia]
Ungarn	Ungarn	['ʉŋaːn]
Lettland	Latvia	['latvia]
Litauen	Litauen	['li‚taʊən]
Polen	Polen	['pʊlen]

Rumänien	Romania	[rʊ'mania]
Serbien	Serbia	['særbia]
Slowakei (f)	Slovakia	[ʂlʊ'vakia]

Kroatien	Kroatia	[krʊ'atia]
Tschechien	Tsjekkia	['tʂɛkija]
Estland	Estland	['ɛstlɑn]

Bosnien und Herzegowina	Bosnia-Hercegovina	['bɔsnia hersegɔˌvina]
Makedonien	Makedonia	[make'dɔnia]
Slowenien	Slovenia	[ʂlʊ'venia]
Montenegro	Montenegro	['mɔntəˌnɛgrʊ]

149. Frühere UdSSR Republiken

| Aserbaidschan | Aserbajdsjan | [aserbajd'ʂan] |
| Armenien | Armenia | [ar'menia] |

Weißrussland	Hviterussland	['vitəˌrʉslɑn]
Georgien	Georgia	[ge'ɔrgia]
Kasachstan	Kasakhstan	[ka'sakˌstan]
Kirgisien	Kirgisistan	[kir'gisiˌstan]
Moldawien	Moldova	[mɔl'dɔva]

| Russland | Russland | ['rʉslɑn] |
| Ukraine (f) | Ukraina | [ʉkra'ina] |

Tadschikistan	Tadsjikistan	[ta'dʂikiˌstan]
Turkmenistan	Turkmenistan	[tʉrk'meniˌstan]
Usbekistan	Usbekistan	[ʉs'bekiˌstan]

150. Asien

Asien	Asia	['asia]
Vietnam	Vietnam	['vjɛtnam]
Indien	India	['india]
Israel	Israel	['israəl]

China	Kina	['çina]
Libanon (m)	Libanon	['libanɔn]
Mongolei (f)	Mongolia	[mʊŋ'gulia]

| Malaysia | Malaysia | [ma'lajsia] |
| Pakistan | Pakistan | ['pakiˌstan] |

Saudi-Arabien	Saudi-Arabia	['saʊdi a'rabia]
Thailand	Thailand	['tajlan]
Taiwan	Taiwan	['tajˌvan]
Türkei (f)	Tyrkia	[tyrkia]
Japan	Japan	['japan]
Afghanistan	Afghanistan	[afˈganiˌstan]
Bangladesch	Bangladesh	[bangla'dɛʂ]

Indonesien	Indonesia	[indʊ'nesia]
Jordanien	Jordan	['jɔrdan]
Irak	Irak	['irak]
Iran	Iran	['iran]
Kambodscha	Kambodsja	[kam'bɔdşa]
Kuwait	Kuwait	['kʉvajt]
Laos	Laos	['laɔs]
Myanmar	Myanmar	['mjænma]
Nepal	Nepal	['nepal]
Vereinigten Arabischen Emirate	Forente Arabiske Emiratene	[fɔ'rentə a'rabiskə ɛmi'ratenə]
Syrien	Syria	['syria]
Palästina	Palestina	[pale'stina]
Südkorea	Sør-Korea	['sør kʊˌrea]
Nordkorea	Nord-Korea	['nuːr kʊ'rɛa]

151. Nordamerika

Die Vereinigten Staaten	Amerikas Forente Stater	[a'merikas fɔ'rɛntə 'statər]
Kanada	Canada	['kanada]
Mexiko	Mexico	['mɛksikʉ]

152. Mittel- und Südamerika

Argentinien	Argentina	[argɛn'tina]
Brasilien	Brasilia	[bra'silia]
Kolumbien	Colombia	[kɔ'lʉmbia]
Kuba	Cuba	['kʉba]
Chile	Chile	['tşilə]
Bolivien	Bolivia	[bɔ'livia]
Venezuela	Venezuela	[venesʉ'ɛla]
Paraguay	Paraguay	[parag'waj]
Peru	Peru	[pe'ruː]
Suriname	Surinam	['sʉriˌnam]
Uruguay	Uruguay	[ʉrygʉ'aj]
Ecuador	Ecuador	[ɛkʊa'dɔr]
Die Bahamas	Bahamas	[ba'hamas]
Haiti	Haiti	[ha'iti]
Dominikanische Republik	Dominikanske Republikken	[dʉmini'kanskə repʉ'blikən]
Panama	Panama	['panama]
Jamaika	Jamaica	[şa'majka]

153. Afrika

Ägypten	**Egypt**	[ɛ'gypt]
Marokko	**Marokko**	[ma'rɔkʉ]
Tunesien	**Tunisia**	['tʉ'nisia]
Ghana	**Ghana**	['gana]
Sansibar	**Zanzibar**	['sansibar]
Kenia	**Kenya**	['kenya]
Libyen	**Libya**	['libia]
Madagaskar	**Madagaskar**	[mada'gaskar]
Namibia	**Namibia**	[na'mibia]
Senegal	**Senegal**	[sene'gal]
Tansania	**Tanzania**	['tansa͜nia]
Republik Südafrika	**Republikken Sør-Afrika**	[repʉ'bliken 'sør͜afrika]

154. Australien. Ozeanien

Australien	**Australia**	[aʉ'stralia]
Neuseeland	**New Zealand**	[njʉ'selan]
Tasmanien	**Tasmania**	[tas'mania]
Französisch-Polynesien	**Fransk Polynesia**	['fransk poly'nesia]

155. Städte

Amsterdam	**Amsterdam**	['amstɛr͜dam]
Ankara	**Ankara**	['ankara]
Athen	**Athen, Aten**	[a'ten]
Bagdad	**Bagdad**	['bagdad]
Bangkok	**Bangkok**	['bankɔk]
Barcelona	**Barcelona**	[barsə'luna]
Beirut	**Beirut**	['bæj͜rʉt]
Berlin	**Berlin**	[bɛr'lin]
Bombay	**Bombay**	['bɔmbɛj]
Bonn	**Bonn**	['bɔn]
Bordeaux	**Bordeaux**	[bɔr'dɔː]
Bratislava	**Bratislava**	[brati'slava]
Brüssel	**Brussel**	['brʉsɛl]
Budapest	**Budapest**	['bʉdapɛst]
Bukarest	**Bukarest**	['bʉka'rɛst]
Chicago	**Chicago**	[ʂi'kagʉ]
Daressalam	**Dar-es-Salaam**	['daresa͜lam]
Delhi	**Delhi**	['dɛli]
Den Haag	**Haag**	['hag]
Dubai	**Dubai**	['dʉbaj]
Dublin	**Dublin**	['døblin]

Düsseldorf	Düsseldorf	['dʉsəlˌdɔrf]
Florenz	Firenze	[fi'rɛnsə]
Frankfurt	Frankfurt	['frɑnkfʉːt]
Genf	Genève	[ʂe'nɛv]

Hamburg	Hamburg	['hɑmbʉrg]
Hanoi	Hanoi	['hɑnɔj]
Havanna	Havana	[hɑ'vɑnɑ]
Helsinki	Helsinki	['hɛlsinki]
Hiroshima	Hiroshima	[hirʉ'ʂimɑ]
Hongkong	Hongkong	['hɔnˌkɔŋ]
Istanbul	Istanbul	['istɑnbʉl]
Jerusalem	Jerusalem	[je'rʉsɑlem]

Kairo	Kairo	['kɑjrʉ]
Kalkutta	Calcutta	[kɑl'kʉtɑ]
Kiew	Kiev	['kiːef]
Kopenhagen	København	['çøbənˌhɑvn]
Kuala Lumpur	Kuala Lumpur	[kʉ'ɑlɑ 'lʉmpʉr]

Lissabon	Lisboa	['lisbʊɑ]
London	London	['lɔndɔn]
Los Angeles	Los Angeles	[ˌlɔs'ændʒələs]
Lyon	Lyon	[li'ɔn]

Madrid	Madrid	[mɑ'drid]
Marseille	Marseille	[mɑr'sɛj]
Mexiko-Stadt	Mexico City	['mɛksikʉ 'siti]
Miami	Miami	[mɑ'jɑmi]
Montreal	Montreal	[mɔntri'ɔl]
Moskau	Moskva	[mɔ'skvɑ]
München	München	['mʉnhən]

Nairobi	Nairobi	[nɑj'rʉbi]
Neapel	Napoli	['nɑpʊli]
New York	New York	[njʉ 'jork]
Nizza	Nice	['nis]
Oslo	Oslo	['ɔʂlʊ]
Ottawa	Ottawa	['ɔtɑvɑ]

Paris	Paris	[pɑ'ris]
Peking	Peking, Beijing	['pekiŋ], ['bɛjʒin]
Prag	Praha	['prɑhɑ]
Rio de Janeiro	Rio de Janeiro	['riu de ʂɑ'næjrʉ]
Rom	Roma	['rʊmɑ]

Sankt Petersburg	Sankt Petersburg	[ˌsɑnkt 'petɛʂˌbʉrg]
Schanghai	Shanghai	['ʂɑŋhɑj]
Seoul	Seoul	[se'uːl]
Singapur	Singapore	['siŋɑ'pɔr]
Stockholm	Stockholm	['stɔkhɔlm]
Sydney	Sydney	['sidni]

Taipeh	Taipei	['tɑjpæj]
Tokio	Tokyo	['tɔkiʊ]
Toronto	Toronto	[tɔ'rɔntʉ]

Venedig	**Venezia**	[ve'netsia]
Warschau	**Warszawa**	[vɑˈʂavɑ]
Washington	**Washington**	[ˈvɔʂiŋtən]
Wien	**Wien**	[ˈvin]

www.ingramcontent.com/pod-product-compliance
Lightning Source LLC
Chambersburg PA
CBHW070555050426
42450CB00011B/2877